Agenda 2

Méthode de français

David Baglieto, Bruno Girardeau,
Michaël Magne, Marion Mistichelli

FRANÇAIS LANGUE ÉTRANGÈRE
www.hachettefle.fr

Crédits photographiques

Getty : p. 17 © Michael Tran ; p. 38 © Julien Hekimian ; p. 101 © Isaac Brekken

Shutterstock : p. 8 © Zyankarlo ; p. 9 © Light Poet ; p. 11 © Mona Redshinestudio ; p. 14 © Jolly ; p. 15 © Tumanyan ; p. 16 Homme : © Valua Vitaly - Femme : © Konstantin Sutyagin ; p. 17 Guitare : © Kak2s - Cartes : © Picsfive - Raquette : © Granite ; p. 21 © Vaclavek ; p. 22 © Meraklitasarim ; p. 24 © Gr8 ; p. 25 © Zhu difeng ; p. 26 © Danylchenko Iaroslav ; p. 27 © Losevsky Pavel ; p. 30 © Geneve Photostockar ; p. 32 Sculpture : © Dim Stern - Escalier : © Tupungato - Tableau : © Atanasis ; p. 33 Carton : © All32 - Sac : © Iwona Grodzka - Avion : © Lasse Kristensen - Chantier : © NicolasMcComber ; p. 34 Galerie : © Nagy-Bagoly Arpad - Peintre : © Artkamalov - Sculpture : © Tupungato - Femme : © Tadija ; p. 36 © Michal Duriník ; p. 37 © Rufous ; p. 39 © Jakez - © Pierre-Jean Durieu - Lazar Mihai-Bogdan - © Lexan ; p. 40 © Fedor Selivanov ; p. 41 © Roberto Marinello ; p. 43 Cube : © Tavi - Forum : © Iana Rinck ; p. 44 © Nagy Melinda ; p. 46 © LeonART Tumanyan ; p. 48 Montre : © Volodymyr Krasyuk - Forêt : © Jean Schweitzer - Lac : © Huyangshu - Ruisseau : © TranceDrumer - Champ : © Majeczka ; p. 53 (1) © Rui Vale de Sousa - (2) © Natali Glado - (3) © Rui Vale de Sousa - (4) © Camellia - (5) © Rui Vale de Sousa ; p. 55 © Pixotico ; p. 57 Fd Affiche : © Nikonov - Objectif : © Vectorlib-com ; p. 60 © Robert Kneschke ; p. 61 © Edw ; p. 65 © Sari Oneal ; p. 69 Bras cassé : © Stacy Barnett - Main bandée : © Christian Delbert - Genou : © Prodakszyn - Main sang : © Stéphane Bidouze ; p. 72 © Pdesign ; p. 73 © Yuri Arcurs ; p. 74 Rue : © Stefan Ataman - Titi : © Brian Dixon - Bobos : © Ekaterina Pokrovsky ; p75 © Ewan Chesser ; p. 76 © Yui ; p. 77 © Meunierd ; p. 78 © Shagane ; p. 80 © Denis PC ; p. 84 © Katerina Havelkova ; p. 90 © Subbotina Anna ; p. 91 Vêtements : © 101 images - Coton : © Paul Matthew Photography ; p. 92 © Anton Gvozdikov ; p. 93 © Dusan Jankovic ; p. 95 © Monkey Business Images ; p. 97 © Tatiana Popova ; p. 101 Acteur : © Kiselev Andrey Valerevich - Ballerines : © 6348103963 ; p. 104 2ᵉ téléphone : © Jaroslaw Grudzinski ; p. 106 © Monika Hunácková - © Helen Von Allmen ; p. 107 © Ermess - © Tom Grundy - © Olivier Le Queinec ; p. 108 Livres : © Sergieiev - Prospectus : © Nils Z - Stylos : © Evgeny Karandaev - Maisons : © Perig - Immeuble : © XC - Parc : © Peter Radacsi - Voiture : © Maksim Toome - Car : © Rob Wilson - Vélo : © NikOs ; p. 111 © Mircea Bezergheanu ; p. 114 © Patryk Kosmider ; p. 115 © Evgeny Prokofyev ; p. 116 Pouce : © Rigamondis - Femme dos : © Killroy Productions ; p. 119 © Boris Djuranovic ; p. 124 Scooter : © Jiri Vaclavek - Ordinateur : © Valerie Potapova - Téléphone : © M_G - Billets : © Yuri Arcurs ; p. 125 © Samotrebizan ; p. 129 © Ugur Orhon ; p. 130 © Jason Jr ; p. 131 © GoodMood Photo ; p. 133 © mangostock ; p. 134 © Brasiliao ; p. 138 © Gail Johnson & Yuri Arcurs - © Oleksiy Mark & Yuri Arcurs - © Denise Kappa & IKO ; p. 140 (1) © Mighty Sequoia Studio - (2) © Andreas Weiss - (3) © Juriah Mosin - (4) © Jelica Videnovic & Albachiaraa ; p. 143 © (1) Christopher Meder Photography - (2) © Carlos E. Santa Maria - (3) © AnnaIA ; p. 144 Plume : © Anna Tyukhmeneva - Affiche : © Marek Chalupník ; p. 145 © Losevsky Pavel ; p. 146 © Juan Carlos Tinjaca ; p. 147 © Irina Zolina ; p. 148 © DenisPC ; p. 152 Fond site : © Silver Tiger - SF photo - © Vlad Ghiea ; p. 157 © Kochergin - © Dmitriy Shironosov - © Wavebreakmedia ltd ; p. 158 (1) © Taavi Toomasson - (2) © Peeratam - (3) © Ewa Walicka - (4) © Peeratam ; p. 160 Globe : © Tom&Kwikki - Planisphere : © Aopsan ; p. 161 © Phish Photography ; p. 162 © Dezignor - © Wolfe Larry - © IgorXIII. p. 166 © AridOcean

Mara Mazzanti (Le bar floréal, Paris) : p. 4, 5, 8, 9, 24, 25, 40, 41, 60, 61, 76, 77, 92, 93, 114, 115, 130, 131, 146, 147

Couverture : Nicolas Piroux
Création maquette intérieure : Amarante
Mise en page : Barbara Caudrelier
Secrétariat d'édition : Anne Bancilhon
Cartographie : Hachette Livre, p. 22, 42, 47, 107, 187, 188, 189
Illustrations :
- Nicola Corpet : p. 95
- Anne Cresci, colagene.com : p. 14, 20, 30, 36, 46, 52, 66, 72, 82, 83, 88, 98, 104, 120, 126, 136, 142, 152, 158
- Bruno David : p. 11, 12, 13, 28, 68, 69, 78, 79, 81, 86, 95, 100, 103, 117, 118, 139, 148, 150, 155
- Audrey Gessat : p. 26, 29, 49, 50, 63, 68, 70, 71, 87, 96, 102, 140, 156
- Monsieur Qui colagene.com : p. 10, 16, 26, 48, 62, 68, 84, 85, 94, 122, 148, 154
- Corinne Tarcelin : p. 57, 58

Tous nos remerciements à :
- **Anne Veillon Leroux** pour la partie « Phonétique » ;
- **le Cavilam de Vichy**, notamment **Murielle Bidault** et **Frédérique Treffandier**, pour l'exploitation des vidéos intégrées au DVD-ROM.

Vidéos :
- *Tourisme au Yukon*, p. 22-23 : Images BDCommedia
- *Tous à la FIAC*, p. 38-39 : Images France Télévisions
- *Bougez avec Kinect*, p. 54-55 : Images France Télévisions
- *La rue des « bobos »*, p. 74-75 : Images Maximal News Television
- *La mode au naturel*, p. 90-91 : Images systemtv
- *Africa Fête*, p. 106-107 : Images France Télévisions
- *Printemps des poètes*, p. 144-145 : Images France Télévisions
- *Autour du monde*, p. 160-161 : Images Babel Press

Affiches publicitaires :
- Citroën DS3, p. 122 : Agence H
- Guerlain, p. 123 : Photo © Jean-Paul Goude ; Archives Guerlain
- 23ᵉ Festival BD, p. 127 : © Jacques Lamontagne
- Le Jazz est là, p. 127 : © Sébastien Thomazo

ISBN : 978-2-01-155804-6
© HACHETTE LIVRE 2011, 43, quai de Grenelle, F Paris Cedex 15, France
http://www.hachettefle.fr

L'AGENDA DU FLE

Informations utiles

Agenda implique l'utilisateur par la présence du « je » dans les consignes, qui progressent au fil des acquisitions langagières.

Agenda couvre neuf jours pendant lesquels l'étudiant va vivre dix-huit rendez-vous dans un environnement francophone.

Les rendez-vous d'Agenda permettent, dans les pages « à faire », l'accomplissement de différentes tâches en situations plausibles selon un déroulé chronologique. De plus, un **projet** sous forme de tâche collective finale mobilise l'ensemble des acquis langagiers et pragmatiques que l'ensemble du rendez-vous aura abordé.

AGENDA [aʒɛ̃da] n. m. (mot d'origine latine signifiant « ce qui doit être fait »)

→ 1. Objet personnel permettant
→ d'organiser son temps en asso-ciant des actions à des moments. ←

→ 2. Ensemble des points à traiter dans une période donnée.

→ 3. Un agenda, papier ou électro-nique, comporte également des pages réservées aux informations ← pratiques et culturelles.

Agenda intègre progressivement les compétences langagières correspondant aux niveaux du CECR (A2.1 - A2).

Agenda multiplie les supports (documents sonores, vidéos intégrées au manuel, exercices auto-correctifs, manuel numérique, activités TNI).

Agenda propose des pages de sensibilisation à la culture francophone (vidéo). L'apprenant pourra consulter un index thématique des notions traitées, un précis grammatical, un tableau des conjugaisons, une carte du monde, des cartes de pays francophones et des pages d'auto-évaluation.

Modulez le contenu de votre agenda en utilisant :

- Le cahier d'activités avec CD audio encarté
- Le guide du professeur
- Le coffret de 3 CD audio pour la classe
- Le DVD-ROM encarté
· l'audio du livre de l'élève (cf. p. 192)
· les vidéos des pages « Culture Vidéo »
· 27 activités auto-correctives
· le portfolio
· le lexique multilingue

- Le manuel numérique
· le contenu du livre de l'élève
· le contenu des CD audio classe
· le contenu du guide du professeur
· les vidéos des pages « Culture Vidéo » + 4 vidéos supplémentaires sur l'argumentation
· des liens vers le cahier d'activité (Bilans)
· 18 parcours didactisés de remédiation pour le TNI
· 27 activités auto-correctives du DVD-ROM pour l'élève

Danielle Royer
40 ans
professeur à l'université Laval
(Québec)

Paul Malongo
42 ans
homme d'affaires

Olga Misenevich
18 ans
étudiante

Alice
3 ans

personnages

Marie Bassavé
25 ans
journaliste

Fanny
30 ans
employée de mairie

Nora Benamar
26 ans
vendeuse

Pierre Olivet
56 ans
médecin

Benoît
30 ans
moniteur de voile

Tableau des contenus

	Rendez-vous	Objectifs communicatifs	Tâches	Grammaire
1	**Marseille** > **Arrivée à Marseille** > **Temps libre**	• Entrer en contact • Décrire le physique d'une personne • Parler de ses centres d'intérêt • Comprendre et être compris	• Préparer un casting • Fabriquer un jeu	• L'interrogation • Les articles définis et indéfinis • La phrase complexe • Les pronoms indéfinis (*quelqu'un / personne, quelque chose / rien*) • La négation (*ne... pas, ne... plus, ne... rien, ne... personne, ne... jamais*) • L'expression du but
2	**Genève** > **Boutiques à Genève** > **Retrouvailles**	• Décrire un vêtement • Conseiller • S'informer sur les moyens de paiement • Décrire un objet • Exprimer des changements	• Présenter la mode de demain • Changer la décoration de la classe	• Le présent • Le conditionnel de politesse • L'adjectif *quel* • Les pronoms relatifs : révision (*qui, que*) / la mise en relief (*c'est... qui, c'est... que*) • La restriction (*ne... que, seulement*) • L'imparfait
3	**Aoste** > **À la montagne** > **Leçon de sport**	• Situer et localiser • Raconter des événements • Décrire un environnement • Expliquer le fonctionnement d'un appareil • Donner une instruction	• Créer un programme de vacances • Rédiger un règlement de bonne conduite	• Le pronom relatif *où* • Les pronoms de lieu *en* et *y* • Le passé récent / Le présent continu / Le futur proche • Les pronoms COD et COI • L'impératif • L'expression de l'interdiction
	ÉVALUATION A2.1			
4	**Marseille** > **Voisins, voisines** > **Un accident**	• Parler de son quartier • Exprimer des décisions collectives • Exprimer des sentiments • Décrire un état physique • Exprimer la fréquence	• Organiser un événement • Créer un carnet de secours	• Le futur simple • Les expressions temporelles du futur • La cause et la conséquence • L'accord des adjectifs • La place et la forme des adjectifs • Le passé composé
5	**Cotonou** > **À la conférence** > **Parc naturel**	• Décrire le caractère d'une personne • Demander et reprendre la parole • Exprimer l'enthousiasme • Exprimer l'accord et le désaccord	• Participer à un forum pour l'emploi • Faire des propositions pour améliorer l'environnement	• Le comparatif • Le discours rapporté au présent • L'expression de la quantité • Le superlatif
6	**Marseille** > **Retour de voyage** > **Concert**	• Raconter des souvenirs • Se situer dans le temps • Parler d'un événement • Donner son avis	• Commenter des photos de voyage • Proposer un spectacle	• L'alternance imparfait / passé composé • Les indicateurs de temps • Les adjectifs possessifs (révision) • Les pronoms possessifs • Les pronoms démonstratifs
	ÉVALUATION A2			
7	**Montpellier** > **Projet de départ** > **Nuit de la pub**	• Communiquer à distance • Interagir avec l'administration • Décrire un document publicitaire • Exprimer une hypothèse	• Faire la liste des documents administratifs pour partir à l'étranger • Créer des affiches publicitaires	• Le gérondif • Les adjectifs (*tout, tous, toute, toutes, chaque, plusieurs, quelques*) • L'hypothèse (*si* + présent) • Le pronom relatif *dont*
8	**Québec** > **Un petit boulot** > **Nouvelle vie ?**	• Décrire son parcours professionnel • Exprimer une obligation / une interdiction • Exprimer un souhait / un espoir • Parler d'une relation sentimentale • Exprimer des projets de vie	• Proposer des services « gratuits » • S'installer à l'étranger	• La formation du subjonctif présent • L'obligation, l'interdiction (*il est nécessaire que / il ne faut pas que* + subjonctif...) • Le souhait, l'espoir (*je souhaite que / j'aimerais que* + subjonctif...) • Le conditionnel présent • Les pronoms interrogatifs composés (*À qui ? Pour qui ? Chez qui ? Avec qui ? Lequel ? Auquel ?...*)
9	**Marseille** > **Mon ami québécois** > **Partir ou pas**	• Décrire un lieu • Parler d'une relation amicale • Exprimer des sentiments • Prendre une décision • Écrire une lettre	• Écrire une histoire d'amitié • Imaginer un projet	• Le plus-que-parfait • La formation des adverbes en *-ment* • L'expression du doute et de la peur (*je doute que / j'ai peur que* + subjonctif...) • Les expressions temporelles (*depuis, il y a, jusqu'à, pendant*)
	ÉVALUATION A2+			

Vocabulaire	Phonétique	Culture / Types de documents	Annexes
• L'identité • La description physique • Les loisirs	• L'intonation de la phrase interrogative • Les voyelles [i], [ə], [ɛ], [e] • Les voyelles [y] et [u]	**Culture : la francophonie** > La réunion des voisins > L'annonce de casting > Les règles du jeu	
• Les commerces • Les vêtements • Les nombres décimaux • L'art • Les formes, les matières et les couleurs	• Les semi-consonnes [ɥ] et [w] • Le français familier à l'oral	**Culture : l'art** > Les tickets de courses > Les panneaux des soldes > Le programme des sorties > Le carton d'invitation	
• Les transports • Les activités de plein air • Les nouveaux codes de la communication • Le sport • La nature	• Les consonnes [k] et [g] • Rythme et enchaînement • Les consonnes [t] et [d] • L'intonation de la phrase impérative	**Culture : les loisirs** > Les horaires de bus > Le plan > La brochure de la station > Les panneaux d'information > Le prospectus > La notice d'utilisation	
• Le quartier et ses habitants • La ville et l'administration • Les sentiments • La santé • Le corps	• Les voyelles [ɛ̃], [ɑ̃], [ɔ̃] • La dénasalisation des voyelles [ɛ̃], [ɑ̃], [ɔ̃]	**Culture : les tribus** > Le prospectus associatif > Le formulaire d'adhésion > La lettre de réclamation > La feuille de soins > La carte Vitale	
• Les professions • La description du caractère • La faune et la flore • L'écologie	• La prononciation de *plus* • Rythme et mélodie du discours rapporté • L'intonation expressive (enthousiasme et manque d'enthousiasme)	**Culture : l'écologie** > Le test professionnel > Le programme d'un séminaire > La brochure d'information	
• Les voyages • La famille • La culture • La musique	• Les voyelles [e] et [ɛ] (distinguer l'imparfait et le passé composé) • La liaison et l'enchaînement	**Culture : la musique** > La page d'un journal personnel > L'album photo > L'article critique > L'affiche > La biographie	
• L'administration • Le téléphone • La publicité	• Les consonnes [ʃ], [ʒ] et [j] • Les consonnes [p] et [b] • Les consonnes [f] et [v]	**Culture : la publicité** > Les messages sur répondeur > Le formulaire administratif > Les publicités > L'article de presse	
• Le monde du travail • Les relations amoureuses • Quelques expressions québécoises	• L'accent d'insistance et l'intonation expressive (obligation et souhait) • La consonne [ʀ]	**Culture : le système éducatif** > L'offre d'emploi > Le test de personnalité > La publicité immobilière	Index thématique des notions p. 168 Transcriptions p. 170 Mémento grammatical p. 179 Conjugaisons p. 185 Cartes de pays francophones p. 187 Auto-évaluation p. 190 Contenu du DVD-ROM p. 192
• Les relations amicales • L'environnement	• Le [ə] instable et les marques du français familier • L'intonation expressive des sentiments (doute, inquiétude, tristesse)	**Culture : les voyages** > Le forum de discussion > La lettre formelle	

Jour 1

A2.1

Rendez-vous 1

à découvrir
- Entrer en contact
- Décrire le physique d'une personne

à savoir, à prononcer
- L'interrogation
- Les articles définis et indéfinis
- L'intonation de la phrase interrogative
- Les voyelles [i], [ə], [ɛ], [e]

à faire
Préparer un casting

Rendez-vous 2

à découvrir
- Parler de ses centres d'intérêt
- Comprendre et être compris

à savoir, à prononcer
- La phrase complexe
- Les pronoms indéfinis (*quelqu'un / personne, quelque chose / rien*)
- La négation (*ne... pas, ne... plus, ne... rien, ne... personne, ne... jamais*)
- L'expression du but
- Les voyelles [y] et [u]

à faire
Fabriquer un jeu

Culture Vidéo

La francophonie

08:00

09:00

Rendez-vous 1
10:00 ◯ Arrivée à Marseille

11

13

14:

15:0

MARSEILLE

16:00

17:00

Rendez-vous 2
Temps libre

18:00

19:00

20

Arrivée à Marseille

 1 Rendez-vous

ENTRER EN CONTACT

1  **> Piste 2 · DVD piste 2**

J'écoute les dialogues et j'associe un dialogue à une scène.

a. Dialogue 1 : scène ...
b. Dialogue 2 : scène ...
c. Dialogue 3 : scène ...
d. Dialogue 4 : scène ...
e. Dialogue 5 : scène ...

2 **> Piste 2 · DVD piste 2**

J'écoute encore les dialogues et j'écris les expressions pour :

a. saluer une personne.
b. entrer en contact avec une personne.

> **Pour saluer une personne**
> *Bonjour. / Salut. / Coucou !*
>
> **Pour entrer en contact avec une personne**
> *Pardon / Excusez-moi / S'il vous plaît monsieur, madame…*

3

Avec mon voisin, on choisit deux personnages et on joue la scène.

4 **> Piste 3 · DVD piste 3**

Je suis à la terrasse du café. J'écoute Parlotte et j'écris : son prénom, son nom, son âge, sa nationalité, sa situation de famille et son adresse.

5

À mon tour, je me présente à Parlotte.

6

Je remplis ma fiche d'inscription sur le site « mes-amis.com ».

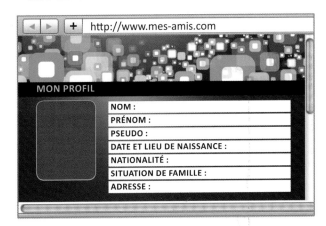

MON PROFIL

NOM :	
PRÉNOM :	
PSEUDO :	
DATE ET LIEU DE NAISSANCE :	
NATIONALITÉ :	
SITUATION DE FAMILLE :	
ADRESSE :	

DÉCRIRE LE PHYSIQUE D'UNE PERSONNE

7

Je lis les descriptions et je retrouve les personnes sur le dessin.

a. Elle est âgée, petite, elle a les cheveux gris, elle porte des lunettes, une jupe rouge et un chemisier blanc. Où est Parlotte ?
b. Elle est jeune, blonde, elle a les cheveux mi-longs, elle porte une robe à fleurs. Où est Mina ?

8

J'observe le dessin et je fais la description de :

a. Armando.   b. Monsieur Heinz.   c. Karim.

9

C'est qui ?

> **Pour décrire le physique d'une personne**

> *Elle est belle.*
> *Elle a les yeux marron.*
> *Elle est mince.*
> *Elle est jeune.*
> *Elle a les cheveux longs, frisés et roux.*
> *Elle n'a pas de barbe.*

> *Il est laid.*
> *Il a un œil bleu et un œil vert.*
> *Il est maigre.*
> *Il est vieux, c'est un homme âgé.*
> *Il est chauve.*
> *Il a une moustache.*

Grammaire

L'interrogation

Qui est-ce ? D'où vient-il ? Que fait-il ?
Pourquoi est-il là ?

• Pour poser une **question informelle** on peut :
– faire monter la voix.
Vous habitez ici ?
– ajouter « est-ce que ».
Est-ce que vous habitez ici ?
Où est-ce que vous habitez ?
– utiliser un pronom interrogatif en fin de phrase.
Vous habitez où ?

• Pour poser une **question formelle** on peut :
– utiliser un pronom interrogatif en début de phrase.
Où habitez-vous ?
– mettre le verbe avant le sujet.
Habitez-vous ici ?
A-t-elle un appartement ici ?

Attention !
Le « t » fait la liaison entre les deux voyelles.

Attention !
Que fait-il ? (formel)
Il fait quoi ? (informel)

1. **> Piste 4**

J'écoute et je note le numéro quand c'est une question.

2.

Je trouve des questions pour chaque situation.

3.

Je pose des questions à mon voisin pour connaître :

a. son nom.
b. sa profession.
c. son adresse.
d. ses loisirs.
e. ses goûts.
f. ...

4.

Je note la question qui a le même sens.
Je souligne la question formelle.

a. Tu fais quoi ?
  1. Comment tu fais ?
  2. Qu'est-ce que tu fais ?
  3. Pourquoi tu fais ça ?

b. Tu connais mon frère ?
  1. Qu'est-ce que tu connais ?
  2. Comment tu connais mon frère ?
  3. Est-ce que tu connais mon frère ?

c. Où est-ce que tu vas ?
  1. Où vas-tu ?
  2. Tu t'en vas ?
  3. Tu vas là-bas ?

Les articles

J'ai de la chance, j'arrive dans une ville magnifique et je trouve un appartement au 3ᵉ étage. Il y a du soleil, la mer et des voisins sympas.

	Singulier		Pluriel	
Articles	Masc.	Fém.	Masc.	Fém.
Art. définis	le	...	les	les
Art. indéfinis	...	...	...	des
Avec « à »	... /...	à la / à l'	aux	aux
Avec « de »	... /...	... / de l'	des	des

Attention !
– *Hector a une barbe ? – Non, il n'a pas de barbe.*
– *Il y a un marché ? – Non, il n'y a pas de marché.*

5.

Avec mon voisin, on complète le tableau ci-dessus.
J'écris une phrase avec le maximum d'articles.

6.

Je lis les annonces et j'écris des phrases.

Cherche amis pour sorties ciné soir et week-ends.

→ *Je cherche des amis pour des sorties au cinéma le soir et les week-ends.*

a. Vends billet de train Paris Marseille 12 juillet.

→ Je vends … .

b. Cherche voiture pour aller plage.

→ Je cherche … .

c. Achète vélo et guitare pour vacances.

→ J'achète … .

d. Loue appartement près centre-ville.

→ Je loue … .

e. Vends dernier CD Nelly « 5.0 ».

→ Je vends … .

7.

Je demande un objet à mon voisin. Je pose la question et il répond.

– As-tu un stylo vert ? → – *Non, je n'ai pas de stylo vert.*

– Tu as un grand cahier ? → – *Oui, … .*

8. **1** ❯ *Piste 5*

J'écoute les questions, j'observe le dessin et je réponds.

– Est-ce qu'il y a un enfant dans la rue ?

– *Non, il n'y a pas d'enfant dans la rue, mais il y a un enfant dans le jardin public.*

Phonétique

L'intonation de la phrase interrogative

Quand on pose une question, informelle ou formelle, souvent, la voix **monte**.

Tu es étudiant ? (↗) / Parlez-vous français ? (↗)

Attention !

Quand il y a un **pronom interrogatif au début** de la question, la voix **descend**.

Qui est-ce ? (↘) / Où habite-t-il ? (↘)

1. **1** ❯ *Piste 6* • DVD *piste 4*

J'écoute les questions et je dis si la voix monte (↗) ou si elle descend (↘).

2. **1** ❯ *Piste 7* • DVD *piste 5*

J'écoute et je joue le dialogue avec mon voisin.

– Bon, alors, **qu'**avez-vous vu exactement ? (↘)

– J'ai vu deux hommes entrer dans l'immeuble.

– Pouvez-vous les décrire ? (↗) Sont-ils grands ? (↗) Petits ? (↗) **Qu'**est-ce qu'ils portent ? (↘) **Quelle** est la couleur de leurs vêtements ? (↘) Est-ce qu'ils ont des moustaches ? (↗) **Comment** sont leurs cheveux ? (↘) **Où** sont-ils allés ? (↘)

– Oh ! là, là ! Je ne sais pas, moi !!!

Les voyelles [i], [ə], [ɛ], [e]

Bien distinguer :

• [i] → *Il habite ici.*

• [ɛ] → *Elle habite ici.*

• [ə] → *J'aime ce film.*

Attention !

[ɛ] et [e] (On peut noter /E/.)

→ *J'aime ces films.*

3. **1** ❯ *Piste 8* • DVD *piste 6*

J'écoute et je complète les phrases avec il, elle, le, les, ce, ces, de ou des.

a. Tous … livres m'intéressent, mais … livre que j'ai acheté hier est super.

b. Camille, … habite dans mon immeuble, mais Sacha, … habite en face … mon immeuble.

c. J'ai déjà vu … film au cinéma et comme dans tous … films … … réalisateur, … personnages sont très intéressants.

d. … deux étudiants sont très sérieux. Tous … jours, … va à la bibliothèque à la fin … cours et …, … … rejoint très vite.

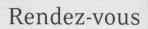

➡ **Rencontrer les habitants de l'immeuble**

1 🎧 **➤ Piste 9** · 💿 **DVD piste 7**

J'écoute les voisins et j'associe un personnage à une présentation.

2 🎧 **➤ Piste 9** · 💿 **DVD piste 7**

Tous les prénoms ne sont pas écrits sur les boîtes aux lettres. J'écoute encore les voisins et je trouve les prénoms manquants. J'écris mon nom et mon prénom sur ma boîte aux lettres.

3ᵉ étage Mlle Misenevich	**11** 3ᵉ étage Mme Doux Sarah
2ᵉ étage M.Chaudert - Mlle Maudru	**12** 2ᵉ étage
1ᵉʳ étage Mlle Bassavé	**13** 1ᵉʳ étage Dr Olivet
Rez-de-chaussée M. Machado	**14** Rez-de-chaussée M. Tégneux Luc

3 ✏

Je reçois un message et je réponds à mon ami.

De :	Antonio
À :	📧 Moi
Objet :	Marseille

Salut ! Ça y est, tu es à Marseille ?
Et tes voisins ? Raconte !

Arrivée à Marseille

Rechercher des acteurs

Je lis l'affiche et j'écris :

a. le nom du film.
b. le nombre d'enfants et d'adultes recherchés.

Marseille, Ville de Cinéma

C'est en 1895, à quelques kilomètres de Marseille, que les frères Lumière créent le premier film cinématographique : « L'arrivée d'un train en gare de La Ciotat. »

Aujourd'hui, après Paris, Marseille est la ville la plus filmée de France, avec plus de 1 200 tournages réalisés ces dix dernières années.

Avec mon voisin, on trouve un rôle pour les habitants de l'immeuble.

Pour son prochain film
« Marseille, jeune et belle »,
Robert Truffiguian,
réalisateur de « Angeline et Bernard »,

cherche des acteurs !

> Un jeune garçon brun et frisé (8-10 ans).
> Une jeune fille mince et blonde aux yeux verts (15-18 ans).
> Une jeune femme brune (20-25 ans).
> Une femme petite et brune (30-35 ans).
> Un homme chauve, les yeux marron (50-55 ans).

Si vous pensez correspondre
à l'un ou l'autre des personnages,
appelez-nous au

04 91 23 51 47.

Préparer un casting

Étape 1 : En petits groupes, on veut réaliser un film. On choisit le thème du film, le lieu du tournage, on fait la liste des personnages et on trouve un titre.

Étape 2 : On écrit une annonce de casting avec des informations sur les personnages recherchés.

Étape 3 : On organise le casting pour trouver les acteurs dans la classe.

Étape 4 : On crée l'affiche du film pour décorer la classe.

PARLER DE SES CENTRES D'INTÉRÊT

❶ **> Piste 10** ·  **DVD piste 8**

J'écoute le document et je réponds.

Il s'agit :
a. d'une interview.
b. d'un jeu.
c. d'un débat.

❷ **> Piste 10** ·  **DVD piste 8**

J'écoute encore le document et j'écris les centres d'intérêt :

a. de Samy.
b. de Diane.
c. de Marion Cotillard.

❸ ✎

Je complète les fiches de présentation des deux candidats.

Candidat B
Samy Dupot

Âge : ....
Ville d'habitation : ....
Profession : ....
Centres d'intérêt : ....

Candidate A
Diane Lefèvre

Âge : ....
Ville d'habitation : ....
Profession : ....
Centres d'intérêt : ....

4

J'écris la fiche de présentation de Marion Cotillard.

5

Je parle de mes centres d'intérêt avec mon voisin.

6

Je rédige la fiche de présentation de mon acteur ou de mon sportif préféré.

7

Qui fait quoi ?

Parler de mes centres d'intérêt

Je **joue au** tennis, **aux** cartes.
Je **joue de la** guitare, **du** piano.
Je **fais du** sport, **de la** musique.
Je **lis** beaucoup.
J'**aime le** cinéma, **le** rock et **le** jazz.
J'**adore les** jeux vidéo.

COMPRENDRE ET ÊTRE COMPRIS

8 > Piste 10 · DVD piste 8

J'écoute encore le document et je note les expressions entendues. Je dis dans quelle situation on utilise ces expressions.

1. C'est bien ça.
2. J'ai tout compris.
3. Si je comprends bien…
4. Donc…
5. C'est-à-dire…

9 > Piste 10 · DVD piste 8

J'écoute encore le document et j'écris les expressions que Diane et Samy utilisent quand ils ne comprennent pas.

Quand je ne comprends pas, j'utilise…

Pardon ?
Quoi ?
Qu'est-ce que vous avez dit ?
Comment ? Vous pouvez répéter, s'il vous plaît ?
Je n'ai pas compris…
C'est quoi la question ?
Qu'est-ce que ça veut dire ?
Comment ça s'écrit ?

10

Je joue les scènes avec mon voisin.

a. Je n'entends pas ce qu'il dit.
b. Je ne comprends pas ce qu'il dit.
c. Je lui demande de répéter.

Rendez-vous 2 ☒ à savoir ☒ à prononcer

Grammaire

La phrase complexe

C'est moi qui l'ai fait !

> La phrase complexe a **plusieurs verbes** conjugués.
> *Monsieur Heinz, qui habite au quatrième étage, est un grand joueur de tennis.*

1.

Je souligne les phrases complexes.

Paul est né à Dijon, ville qu'il quitte à 18 ans. Il est parti à Lyon où il étudie les mathématiques. Il veut devenir ingénieur. Il fait beaucoup de sport. Quand il ne joue pas au tennis, il nage ou il court dans les parcs. Mais sa passion, c'est la danse. Il s'entraîne tous les jours. Il adore danser la salsa et le tango, et écouter de la musique.

2.

Je transforme les phrases complexes de l'activité 1 en phrases simples.

Paul est né à Dijon, ville qu'il quitte à 18 ans.
→ *Paul est né à Dijon. Il quitte cette ville à 18 ans.*

3.

J'écris des phrases complexes.

a. se lever – se laver – prendre le petit-déjeuner.
b. naître – grandir – mourir.
c. étudier – travailler – déménager.

Les pronoms indéfinis

– Il y a quelqu'un ? – Non, il n'y a personne !
– Tu as vu quelque chose ? – Non, rien.

> Les pronoms indéfinis désignent :
> • une **personne** indéterminée ou inconnue.
> *– Quelqu'un a lu ce livre ?*
> *– Non, personne !*
> (= forme négative de « quelqu'un »)
> • une **chose** indéterminée ou inconnue.
> *– Tu as trouvé quelque chose sur Internet ?*
> *– Non, rien. / – Je n'ai rien trouvé.*
> (= forme négative de « quelque chose »)

4.

Je complète les dialogues avec *quelqu'un, personne, quelque chose* ou *rien*.

a. – Il y a … qui sonne à la porte ?
– Non, il n'y a … .
b. – Il y a … d'étrange, tu ne trouves pas ?
– Non, je ne trouve … d'étrange.
c. – Tu as trouvé … pour son anniversaire ? Un bijou, un vêtement ?
– Non, … .
– Et tu as demandé conseil à … ?
– Non, à … .

5.

Je continue le dialogue avec mon voisin et on joue la scène. On utilise *quelqu'un, personne, quelque chose, rien*.

– Salut, alors, tu as quelque chose pour moi ?
– …

La négation

Tu n'as pas faim ? / Tu ne manges plus à midi ?

> Pour exprimer la négation, on peut utiliser :
> *ne + verbe + pas (plus / rien / personne / jamais)*.
> • « ne… pas » indique que la négation est totale.
> *– Tu sors ? – Non, je ne sors pas.*
> • « ne… plus » indique qu'une action ou qu'une idée est terminée.
> *Ils ne veulent plus manger au restaurant ce soir.*
> • « ne… rien » est la négation de « quelque chose ».
> *– Tu veux quelque chose ? – Non merci, je ne veux rien.*
> • « ne… personne » est la négation de « quelqu'un ».
> *– Tu attends quelqu'un ? – Non, je n'attends personne.*
> • « ne… jamais » (= pas une seule fois).
> *– Je ne joue jamais au foot.*

Attention !
• Avec un **verbe pronominal**, on emploie :
ne + me (te / se / nous / vous / se) + verbe + pas (plus / jamais).
S'appeler → Je ne m'appelle pas Georges !
• Avec le **passé composé**, on emploie : *ne + être / avoir + pas (plus / rien / jamais) + participe passé*.
Nous n'avons pas compris.
Je n'ai rien dit.

6.

Je complète le dialogue avec une négation et avec les verbes proposés.

– Un restaurant ce soir, ça te dit ?

– Très bonne idée. Tu connais le « Fin gourmand » ?

– Non, je … (aller) dans ce restaurant. C'est bien ?

– Oui, mais c'est difficile de trouver une table si on … (réserver). Attends j'appelle. Ça sonne. Bon, ils … (avoir) de place. Dommage.

– Et le « Chaud et froid » ?

– Ça … (exister) depuis longtemps déjà !

– Ah bon ? Tu as une autre idée ?

– Non.

7.

Je dis le contraire.

a. J'ai trouvé quelqu'un pour danser la salsa avec moi.

b. Elle raconte tout à ses amies.

c. Nous allons à la piscine tous les jeudis.

d. Vous habitez toujours à Paris ?

e. Nous buvons toujours du thé le matin.

L'expression du but

Je fais des études pour <u>devenir</u> avocat.

Il a une place pour <u>le concert</u> de demain.

Elle fait tout pour <u>lui</u>.

> On exprime le but avec :
> - « pour » + **verbe à l'infinitif** :
> *Je vais à Paris pour <u>visiter</u> la tour Eiffel.*
> - « pour » + **nom** : *Je vais à Rio pour <u>le carnaval</u>.*
> - « pour » + **pronom** : *J'écris ce poème pour <u>toi</u>.*

8. **> Piste 11**

J'écoute le document et j'écris dans quels buts les personnes apprennent les langues.

9.

J'explique à mon voisin dans quels buts j'apprends le français.

10.

Qu'est-ce que c'est ?

Les voyelles [y] et [u]

> Pour écrire les sons [y] et [u], j'utilise plusieurs lettres.
> - [y] → u – eu
> *tu / vu / eu (participe passé du verbe « avoir »)*
> - [u] → ou – où
> *tout / vous / où*
>
> **Attention !**
>
> « Club » s'écrit avec « u » mais se prononce [œ].

1. **> Piste 12** •  **piste 9**

J'écoute les phrases et je note le nombre de fois où j'entends le son [y].

Tu fais de la musique. → *deux fois.*

2.  **> Piste 13** • **DVD piste 10**

J'écoute et je répète les mots.

[y] - [u]	[u] - [y]	[y] - [y]	[u] - [u]
tu joues	vous avez vu	tu as su	vous voulez
tu trouves	vous avez bu	tu as eu	vous pouvez
tu cours	vous avez pu	tu as lu	vous trouvez
surtout	coupure	futur	toujours
Mulhouse	ouverture	murmure	coucou
humour	voulu	culture	chouchou

3. **> Piste 14** •  **piste 11**

J'écoute et je complète avec « u » si j'entends [y] et « ou » si j'entends [u].

a. – Sal…t H…go ! T… vas bien ? T… veux j…er aux b…les avec moi demain ?

– C'est …ne s…per idée ! On se retr…ve au club de sport ?

– Oui, si t… veux ! S…rt…t, n'…blie pas ton jeu de b…les !

b. – P…vez-v…s me rés…mer ce doc…ment pour lundi matin ?

– Il faut t…t rés…mer ? Ça va être d…r ! Mais p…rquoi v…s v…lez ce rés…mé ?

– C'est …ne s…rprise !

c. – J…lie, t… as v… le dernier film de L…c Besson, dans la série « Arth…r et les Minimoys » ?

– Oui, j'ai tr…vé qu'il y avait beauc…p d'h…m…r et de fantaisie ! Ça m'a pl… !

➡ S'inscrire au club

Salut,
Je sais que tu cherches des activités.
Viens faire un tour avec moi au club
de pétanque où je joue. C'est sympa.
Je te donne le numéro de téléphone
et le courriel.
On se retrouve au club cet après-midi ?
Appelle-moi.

Club de pétanque du port : 04 34 67 67 18.
info@petanqueduport.fr

Pierre Olivet

❶

**Je trouve ce mot dans ma boîte aux lettres.
Je dis qui écrit et dans quel but.**

❷ ✏

**J'écris un courriel au club. Je me présente
et j'explique pourquoi je veux m'inscrire.**

❸ 🎧 **> Piste 15** · 💿 DVD **piste 12**

**Problème d'envoi du courriel. Je téléphone au club.
J'écoute le message et j'écris les heures d'ouverture
et l'adresse.**

Temps libre

2 Rendez-vous

 ## *Aller au club de pétanque*

 ❹

Je vois le docteur Olivet et je lui demande des renseignements sur les gens qui viennent au club et sur leurs centres d'intérêt. Je joue la scène avec mon voisin.

 ❺

Le docteur Olivet me donne les règles de la pétanque, mais je ne comprends pas tout car il y a beaucoup de bruit. Je joue la scène avec mon voisin.

RÈGLES DE LA PÉTANQUE

club de **pétanque** du **port**

COMMENT ON JOUE ?

> Le but du jeu est très simple : pour gagner, il faut lancer sa boule près du cochonnet.
On peut jouer à deux ou en équipes de deux ou trois. Chaque joueur a deux ou trois boules.

> Au début de la partie, on lance le cochonnet. Chaque équipe essaie de placer ses boules à côté du cochonnet, devant les boules de l'autre équipe.

boule

cochonnet

QUI GAGNE ?

> L'équipe qui a lancé sa boule le plus près du cochonnet marque 1 point.
> La première équipe qui a 13 points a gagné ! Mais on peut aussi jouer en 11 points.

Fabriquer un jeu

Étape 1 : En petits groupes, on prépare un jeu de questions/réponses sur la culture française. On discute du nombre de joueurs ou d'équipes et des règles.

Étape 2 : On rédige les questions/réponses.

Étape 3 : On rédige les règles.

Étape 4 : On fabrique le jeu.

Étape 5 : On joue.

Culture *Vidéo*

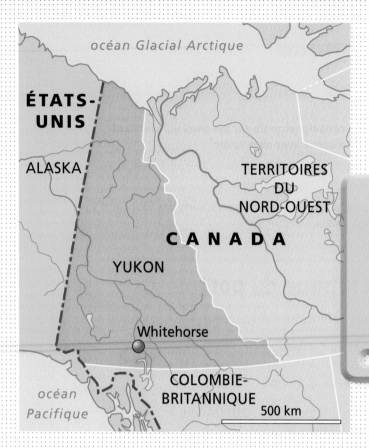

Le Yukon est un territoire du Canada.

océan Glacial Arctique

ÉTATS-UNIS

ALASKA

TERRITOIRES DU NORD-OUEST

C A N A D A

YUKON

Whitehorse

COLOMBIE-BRITANNIQUE

océan Pacifique

500 km

Le Yukon

Le Yukon est situé dans la partie nord-ouest du pays, près de l'Alaska, et il fait environ 480 000 km². C'est une région peu peuplée, avec des lacs et des montagnes recouvertes de neige.
Le Yukon compte 31 530 habitants et les deux langues officielles sont l'anglais et le français.
Sa capitale est Whitehorse.
Le nom du territoire vient du fleuve Yukon.

---

1 Regardez.

Quelles activités ?

En petits groupes, trouvez cinq activités culturelles et sportives à faire au Yukon.

Prénom, nom : ....

Langue maternelle : ....

Profession : ....

Ville : ....

Nombre d'années à Vancouver : ....

Première visite au Yukon : ....

Année d'installation au Yukon : ....

2 Regardez et écoutez.

Qui est Frédéric Vandenoetelaer ?

Complétez la fiche avec votre voisin.

3 Écoutez.

Quelle est cette région ?

Complétez l'interview de Jeanne Beaudoin avec les mots proposés.

| maternelle | 4 | grandeur | le français | 30 000 |

Il y a ... habitants au Yukon, un peu plus. C'est pas beaucoup pour un territoire de cette ... -là.
Et puis, il y a à peu près ... % de la population qui déclare ... comme leur langue première, leur langue ...

Vivre en français au Yukon

Le Yukon compte 3 550 francophones. Cette population est très dynamique et présente surtout à Whitehorse et Dawson City, les deux villes les plus importantes du territoire. Depuis le 1er janvier 1990, les lois et les règlements sont en anglais et en français.

>> Et dans votre pays parle-t-on français ?

Écoutez.

4 *Quelles richesses culturelles ?*

Selon Jeanne Beaudoin, quelles sont les richesses culturelles du Yukon ?
Choisissez les bonnes réponses.

a. les arts   d. le cinéma   g. la gastronomie

b. le ski   e. la musique   h. le théâtre

c. les coutumes   f. la francophonie   i. l'alpinisme

Exprimez-vous.

5 *Une région à découvrir ?*

Vous partez en vacances au Yukon et vous proposez à un ami de vous accompagner.
Vous lui envoyez un courriel pour présenter le Yukon.

Quiz
Yukon

Divers

1. Quel est le nom du seul journal francophone du Yukon ?

a) L'Aurore boréale

b) L'Aquilon

c) Rencontres

pointage : 0/0

Quiz du Grand Nord et de l'Ouest canadien

>> Participez au quiz interactif pour avoir des informations sur le Grand Nord et l'Ouest canadien :

http://franco-nord.com/quiz/

Jour 2

A2.1

Rendez-vous 1

à découvrir
- Décrire un vêtement
- Conseiller
- S'informer sur les moyens de paiement

à savoir, à prononcer
- Le présent
- Le conditionnel de politesse
- L'adjectif *quel*
- Les semi-consonnes [ɥ] et [w]

à faire
Présenter la mode de demain

Rendez-vous 2

à découvrir
- Décrire un objet
- Exprimer des changements

à savoir, à prononcer
- Les pronoms relatifs : révision (*qui, que*) / la mise en relief (*c'est... qui, c'est... que*)
- La restriction (*ne... que, seulement*)
- L'imparfait
- Le français familier à l'oral

à faire
Changer la décoration de la classe

Culture Vidéo

L'art

08:00

09:00

10:00

Rendez-vous 1
Boutiques à Genève

11:00

12:

13:

15:00

GENÈVE

16:00

17:00

18:00

Rendez-vous 2

19:00   **Retrouvailles**

20:00

21:00

22:00

23:00

CHIC PAS CHER

CHIC PAS CHER
CENTRE COMMERCIAL ÉVRY 2
235 boutiques
2, BOULEVARD DE L'EUROPE
91 000 ÉVRY

le 28/01/2011
15:45

Produit	Montant €
Bottes cuir / 43	230,00
Soldes 20 %	- 46,00
Veste laine et coton / 52	45,00
Soldes 50 %	- 22,50
Pantalon / L	59,99
Solde 20 %	- 11,99
Bonnet laine rouge	18,50
Soldes 70 %	- 12,95
TOTAL :	353,49
Soldes :	- 93,44
À payer	260,05
Carte bancaire	260,05

Échange pendant 15 jours
avec ticket de caisse
**MERCI DE VOTRE VISITE
À BIENTÔT**

DÉCRIRE UN VÊTEMENT

1

Je lis le ticket de caisse et je réponds aux questions.

a. Combien de choses le client achète-t-il ?

b. Qu'est-ce qu'il achète ?

[1] un pantalon

[2] une jupe

[3] une veste

[4] des bottes

[5] une écharpe

[6] un bonnet

c. Pourquoi le client vient à la boutique en janvier ?

2

J'associe un produit à une matière.

a. un pull   **1.** en cuir
b. des chaussures   **2.** en plastique
c. un T-shirt   **3.** en laine
d. un sac   **4.** en coton

3

Je reçois un texto. Je choisis les vêtements pour Paul.

Salut, demain, je vais à une fête « années 1970 » ! Tu peux m'acheter une chemise bleue et un pantalon marron ? Tu prends aussi une écharpe verte. Merci. Paul

Boutiques à Genève

1 Rendez-vous

jour 2

4

Qui porte quoi ?

5  **> Piste 33** · **DVD piste 13**

J'écoute le dialogue et j'écris :

a. la taille pour la veste.
b. la taille pour le pantalon.
c. la pointure pour les chaussures.

Les vêtements

un pantalon / une chemise
une jupe / une robe
une veste / un manteau
un bonnet / une écharpe
des chaussures (fém.)

La taille

38, 40, 50… ou XS, S, M, L, XL.
Je porte une veste en 50.

FRA	38
EUR	38
CH	36
GER	36
ITA	42
UK	10
US	8

Les matières

en cuir / en plastique /
en laine / en coton

La pointure

38, 39, 40, 41…
*Je **fais** du 42.*

CONSEILLER

6 **> Piste 33** · **DVD piste 13**

J'écoute encore le dialogue et je note les expressions entendues.

a. Vous devriez…
b. Vous pourriez… ?
c. Vous ne pouvez pas…
d. Pourquoi ne pas… ?

7

Avec mon voisin, je mets dans l'ordre les actions : *avant, pendant* **et** *après* **les courses.**

a. Porter un vêtement.
b. Essayer un vêtement.
c. Échanger un vêtement.
d. Payer un vêtement.

8

Je veux acheter des vêtements pour aller au travail. Le vendeur me conseille. Avec mon voisin, on joue la scène dans le magasin.

Pour conseiller quelqu'un, on dit :

– **Vous pourriez** prendre ces chaussures ?
– **Vous devriez** essayer le pantalon en 44.
– **Pourquoi ne pas** acheter la veste bleue ?

S'INFORMER SUR LES MOYENS DE PAIEMENT

9  **> Piste 33** · **DVD piste 13**

J'écoute encore le dialogue, je lis le ticket de caisse et je complète les phrases.

a. Les bottes coûtent … .
b. Le client paye … parce que … .
c. Le client paye avec … .

10

Dans mon pays, j'utilise quel moyen de paiement pour :

a. un ticket de cinéma ?
b. un pantalon ?
c. un ordinateur ?
d. autre.

• En France, on peut payer avec :

des billets et des pièces (= on dit payer « en liquide » ou « en espèces »), un chèque, une carte bancaire.
Vous payez **en** liquide, **par** chèque ou **par** carte ?

• Pour le prix,

on écrit **22,45 €** et on dit :
vingt-deux euros quarante-cinq
ou vingt-deux euros et quarante-cinq centimes.

Grammaire

Le présent

– *Ils font des soldes dans ce magasin ?*
– *Je ne sais pas, je ne vois pas d'affiche de soldes.*

> • Au présent, en général, les **terminaisons** des verbes :
> – en « **-er** » sont « -e », « -es », « -e », « -ons », « -ez », « -ent ».
> *Je regarde / tu regardes / il, elle, on regarde / nous regardons / vous regardez / ils, elles regardent.*
> – en « **-ir** » sont « -is », « -is », « -it », « -issons », « -issez », « -issent ».
> *Je choisis / tu choisis / il, elle, on choisit / nous choisissons / vous choisissez / ils, elles choisissent.*

1.

La sœur de Federico arrive. Elle s'appelle Marta. Avec mon voisin, j'écris le message avec *nous*.

Bonjour, je m'appelle Federico, je suis italien et j'aime parler français. En France, je vais souvent dans les magasins et je discute beaucoup. En général, j'ai de la chance : le vendeur est sympa et il peut comprendre quand je parle. Mais je sais aussi qu'il fait très attention : il veut faire plaisir au client !

2.

J'écris les verbes *parler*, *finir* et *savoir* au présent.

Le conditionnel de politesse

– *Les vêtements sont chers ici !*
– *Eh bien, vous devriez attendre les soldes !*

> • On utilise le conditionnel de politesse pour **demander** quelque chose poliment ou **conseiller** quelqu'un.
> *Pouvoir* → je pourrais / tu pourrais / vous pourriez.
> *Devoir* → je devrais / tu devrais / vous devriez.
> *Vouloir* → je voudrais / tu voudrais / vous voudriez.
> *Être* → ce serait.
>
> *Tu devrais payer par carte bancaire, ce serait plus rapide !*

3.

J'écris le message au conditionnel pour conseiller.

Tu pourrais apporter un cadeau. …

De : Moi
À : ● Marta
Objet : Anniversaire

Salut,
Tu viens demain ? C'est l'anniversaire de ma voisine.
Tu apportes un cadeau. Tu achètes un T-shirt sympa ou un bijou pas cher.
Tu peux aussi acheter le cadeau avec Pat et Flo.
Vous pouvez trouver ensemble quelque chose d'original !
J'attends ta réponse,
Bises.

4. **> Piste 34**

J'écoute et je coche les phrases au conditionnel.
a. ☐ b. ☐ c. ☐ d. ☐ e. ☐ f. ☐ g. ☐

5.

Je note les verbes au conditionnel.

a. pourrais
b. avions
c. savais
d. achetaient
e. deviez
f. devriez
g. plaît
h. serait

6.

Avec mon voisin, on choisit deux scènes. Une personne demande poliment et une autre conseille.

Boutiques à Genève

L'adjectif *quel*

– *Quel vêtement tu préfères ?*
  La jupe ou le pantalon ?
– *La jupe !* *Quel style !*

On utilise l'adjectif « quel » pour :
- **demander** une précision. La voix descend (↘).
Quel bonnet tu voudrais acheter ?
- **exprimer** la joie ou la surprise. La voix monte (↗).
Quel bonnet original !

Attention !
« Quel » s'accorde avec le nom.
Quelle heure est-il ?
Quels magasins font des soldes ?
Quelles jupes aimes-tu ?

7. **> Piste 35**

J'écoute les phrases et je note l'intonation (↗ ou ↘).

8. 🖊

Dans un magasin. Voici les réponses de la cliente. Mais que dit la vendeuse ? J'écris une question avec *quel*.

a. – ... ?
→ – Moi, je préfère la rouge.
b. – ... ?
→ – 43 € - 25% ! Intéressant.
c. – ... ?
→ – Les magasins du centre-ville, bien sûr !
d. – ... ?
→ – Les vêtements des années soixante !
e. – ... ?
→ – Des chaussures en cuir.

9. 💬

Avec mon voisin, on propose une phrase avec *quel* pour chaque mot de la liste. On dit la phrase à voix haute à la classe qui devine : demande de précision, expression de la surprise ou de la joie ?

boutique – fête – sport – pays – repas

Les semi-consonnes [ɥ] et [w]

Les deux semi-consonnes [ɥ] et [w] sont toujours accompagnées d'une voyelle.
- En général, [ɥ] est suivi de la voyelle [i] :
suisse [sɥis] – *cuir* [kɥiʀ] – *lui* [lɥi].
– Mais on trouve aussi d'autres voyelles :
nuage [nɥaʒ] – *juin* [ʒɥɛ̃] – *saluer* [salɥe].
- En général, [w] est suivi des voyelles [i] ou [a] :
oui [wi] – *moi* [mwa] – *trois* [tʀwa] – *froid* [fʀwa].
– Mais on trouve aussi d'autres voyelles :
jouer [ʒwe] – *loin* [lwɛ̃]

1. **> Piste 36** • **DVD *piste 14***

J'écoute et je note si j'entends deux fois le même mot ou si j'entends deux mots différents.
lui – lui → *deux fois le même mot.*

2. **> Piste 37** • **DVD *piste 15***

**J'écoute et je répète les listes de mots.
Je fais attention à bien distinguer [ɥ] et [w].**
a. [ɥ]
  huit – lui – suis – puis – nuit – pluie – bruit – ensuite – depuis – aujourd'hui
b. [w]
  oui – Louis – souhait – noir – moi – moins – quoi – droit – voilà – pourquoi

3. **> Piste 38** • **DVD *piste 16***

**J'écoute et je répète les phrases.
Je fais attention à bien distinguer [ɥ] et [w].**
a. Aujourd'h**ui**, j'ai acheté des chaussures n**oi**res en c**ui**r, p**oin**ture trente-h**ui**t.
b. Tous les samedis s**oi**rs, à min**ui**t, je v**oi**s un vieux film m**ue**t avec l**ui**.
c. Ce parapl**ui**e m'a tout de s**ui**te plu. Je l'ai ch**oi**si pour l'offrir à L**oui**se, ma v**oi**sine.
d. L**oui**s a réservé une v**oi**ture pour aller en S**ui**sse.

Rendez-vous 1 [X] à faire

Conseiller un vêtement

1 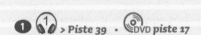 > Piste 39 · DVD piste 17

**Je suis dans un magasin à Genève et j'écoute la conversation entre une vendeuse et une cliente.
Je choisis la bonne réponse.**

La cliente :
a. habite à Genève. Elle achète une veste en cuir. C'est pour son travail.
b. habite à Paris. Elle cherche un T-shirt. Elle va à la fête d'un ami.
c. habite à Paris. Elle veut un vêtement pas cher. Elle fait du sport.

2

**Je reconnais la cliente : c'est Nora, une amie de Paris !
On exprime notre surprise et notre joie.
Je joue la scène avec mon voisin.**

3

**Je suis au café. J'envoie un texto à Benoît, mon voisin à Marseille.
Je raconte ma surprise avec Nora et l'invitation à l'exposition.**

➡ Payer ses achats

4

Nora lit son ticket de caisse et voit la taxe sur la carte bancaire. Elle veut retourner au magasin pour payer en espèces avec des francs suisses.
On discute des moyens de paiement.

En France et en Suisse, il y a deux périodes de soldes.

*• L'**hiver**, les soldes commencent après les fêtes du jour de l'an.*

*• L'**été**, les soldes commencent la première semaine de juillet.*

En France, les soldes durent six semaines maximum.

Les magasins peuvent accepter ou refuser d'échanger les vêtements soldés.

TICKET DE CAISSE
Boutique Élégance
Genève – Suisse

Produit	Montant
Vêtements divers	
CHF	89,00
- 5 %	- 4,45
TOTAL	84,55
Paiement carte bancaire	
Taxe + 5 %	
Payé CHF	88,77*

* 1 CHF = 0,72 euro.

Merci

5

On retourne au magasin. La vendeuse n'accepte pas la demande de Nora, mais propose 5 % de moins sur un autre vêtement acheté. Nora choisit quelque chose d'autre pour ce soir. Je la conseille. Je joue la scène avec mon voisin.

TÂCHE

Présenter la mode de demain

Étape 1 : En petits groupes, on choisit un groupe de personnes (adultes, jeunes, hommes, femmes...).

Étape 2 : On dessine les vêtements que les personnes vont porter l'année prochaine.

Étape 3 : Dans la classe, on affiche les dessins et chaque groupe présente les vêtements.

Étape 4 : On organise un vote et on classe les vêtements par ordre de préférence (☺ / ☺ / ☹).

PROGRAMME DES SORTIES À GENÈVE
Galerie et musée **DU 15 JUILLET AU 30 SEPTEMBRE**

Réouverture de la galerie « Espace artistique genevois »

Avant, la galerie disposait seulement d'une salle. Maintenant, elle propose au public :
• deux salles d'exposition qui présentent différentes œuvres d'art,
• deux espaces pour les sculptures.

Exposition du photographe Roger Carouge

C'est à l'occasion de la réouverture que la galerie accueille le photographe **Roger Carouge**. Cet artiste est l'auteur de l'exposition « Un regard sur l'Asie » que vous pouvez découvrir du 15 juillet au 15 septembre.
Roger Carouge a voyagé pendant vingt ans sur ce continent qu'il photographiait chaque jour. Il nous présente aujourd'hui des photos qui parlent de modernité et de tradition avec des couleurs bleu, rouge et jaune très vives. C'est l'exposition qu'il faut voir en ce moment.

ESPACE ARTISTIQUE GENEVOIS
2, place de Sardaigne
1227 Genève
Tél. : +41 (0)22 342 33 83
www.espaceartgenevois.com
• Entrée libre – pas de visites de groupes
• Horaires d'ouverture : 14 h – 18 h Fermeture le lundi

Musée international de la Croix-Rouge et du Croissant-Rouge

– Une présentation **multimédia**, actuelle, de Henry Dunant.
– Une **exposition colorée** :
les enfants de l'école primaire « Henry Dunant » ont réalisé des objets en carton, des personnages en papier et en tissu, et ils ont dessiné des scènes historiques sur du verre qui racontent l'histoire de cette organisation humanitaire.

MUSÉE INTERNATIONAL DE LA CROIX-ROUGE ET DU CROISSANT-ROUGE
17, avenue de la Paix
1202 Genève
Tél. : +41 (0)22 748 95 11
• Entrée : 5 francs (tarif unique) (gratuit pour les enfants de moins de 3 ans)
• Visites de groupes (seulement sur réservation) : +41 (0)22 748 95 06 www.micr.org
• Tous les jours de 10 h à 17 h, sauf le mardi

DÉCRIRE UN OBJET

❶

Je lis le programme des sorties et j'associe les informations aux lieux.

a. Exposer des œuvres d'art
b. Raconter l'histoire d'un homme
c. Gratuit pour tout le monde
d. Gratuit seulement pour les enfants de moins de 3 ans
e. Visites de groupes seulement sur réservation
f. Pas de visites de groupes

1. La galerie
2. Le musée

❷ **> Piste 40 · DVD piste 18**

J'écoute le document et je relis le programme des sorties. Je précise la matière des objets.

→ *Des sculptures en bois.*

a. Des sculptures ... .
b. Des objets ... .
c. Des personnages ... .
d. Des scènes historiques ... .

❸

Je choisis un objet et une matière.

→ *Une table en verre.*

a. un vase   1. verre
b. une sculpture   2. métal
c. une chaise   3. carton
d. un sac   4. bois
e. une boîte   5. tissu
f. un livre   6. papier

❹

Je décris un objet à mon voisin. Je donne sa forme, sa couleur et sa matière. Mon voisin doit retrouver l'objet.

Les couleurs
● Bleu, ○ jaune, ● rouge, ● vert, ● orange, ● violet, ● noir, blanc, ● rose.

Les formes
○ Rond, ○ ovale, □ carré, ▭ rectangle, △ triangle.
Une table ovale.
Ça a la forme d'un rond.
C'est carré.

Les matières
Le verre, le métal, le carton, le bois, le tissu, le papier.
Un avion en papier.
Une boîte en carton.
Un sac en tissu.

EXPRIMER DES CHANGEMENTS

❺ ✏️

Je décris la galerie « Espace artistique genevois » avant et après les travaux.

❻ **> Piste 41 · DVD piste 19**

J'écoute les deux témoignages et j'écris les expressions du changement.

❼ 🌐

Qui est sur la photo ?

Grammaire

Les pronoms relatifs : révision (*qui, que*) / la mise en relief (*c'est... qui, c'est... que*)

Un pronom relatif : c'est un petit mot qui relie deux phrases et qui évite la répétition.

• On utilise le pronom relatif pour **relier deux phrases simples**.

– « Qui » est **sujet**. Il remplace un nom de personne ou de chose.

Ce sont des textes. Ils présentent la vie d'Henry Dunant. → *Ce sont des textes qui présentent la vie d'Henry Dunant.*

– « Que » est **complément**. Il remplace un nom de personne ou de chose.

C'est une exposition géniale. La galerie présente l'exposition. → *L'exposition que présente la galerie est géniale.*

• On utilise « c'est... qui / c'est... que » pour **mettre en relief**.

J'ai trouvé cet objet. → *C'est l'objet que j'ai trouvé.*
Il faut du vert pour cette peinture. → *C'est du vert qu'il faut pour cette peinture.*

1.

Je lis le programme (page 32) et j'écris les phrases avec des pronoms relatifs.

2.

Je complète le dialogue avec les pronoms relatifs *qui* et *que*.

– Tu connais l'artiste ... fait des sculptures en bois et en carton ?

– Oui, il peint des tableaux ... montrent la vie dans le Sud de la France. Et il utilise toujours une couleur ... j'aime beaucoup.

– Ah oui ?

– Oui, c'est le bleu. Et puis ses sculptures racontent toujours des histoires ... sont drôles et tristes à la fois. Bref, la vie ... tout le monde connaît.

3.

Je relie les phrases avec *qui* ou *que*.

Je veux visiter l'exposition « Images d'Asie ». Mon voisin organise l'exposition.

→ *Je veux visiter l'exposition « Images d'Asie » que mon voisin organise.*

a. Je vais chez ma cousine. Ma cousine m'invite à dîner.

b. J'apporte un gâteau. J'ai acheté le gâteau à la pâtisserie « Aux délices genevois ».

c. Je vais au concert. Max organise un concert vendredi soir.

d. Il a reçu le carton d'invitation. Le carton d'invitation est arrivé par la poste.

4.

Je présente à mon voisin les photos après la visite d'une galerie.

C'est l'exposition qu'il faut voir.

La restriction (*ne... que, seulement*)

Visites de groupes seulement sur réservation.
Les visites de groupes n'ont lieu que le matin.

Quand on veut **exprimer une limite**, on utilise :

• la forme « ne » + verbe + « que »

ou

• l'adverbe « seulement ».

Je ne fais que des photos en noir et blanc.
Je fais seulement des photos en noir et blanc.

Attention !

« ne... que » n'est pas une négation.

5. **> Piste 42**

J'écoute le document et j'associe les réponses aux personnes 1, 2 ou 3.

a. Elle n'a vu que la première salle.

→ Personne ... .

b. Elle n'a aimé que l'exposition des enfants.

→ Personne ... .

c. Elle aime seulement l'histoire.

→ Personne ... .

6.

Je me présente en cinq phrases. J'utilise *seulement* et *ne… que*.

Le matin, je ne mange que des céréales.

L'imparfait

J'avais des livres en tissu quand j'étais petit.

- L'imparfait est un **temps du passé**.
On l'utilise pour décrire une personne, un lieu ou une situation.
Il était mince et grand.
- **Formation :**
à partir de la 1ʳᵉ personne du pluriel du présent de l'indicatif + terminaisons de l'imparfait
(« -ais », « -ais », « -ait », « -ions », « -iez », « -aient »).
Nous aimons ➜ *j'aim- + -ais = j'aimais.*
Nous finissons ➜ *tu finiss- + -ais = tu finissais.*

7.

J'observe les phrases et les verbes. Je fais un tableau des terminaisons de l'imparfait.

J'adorais ➜ *-ais.*

Mes parents nous emmenaient souvent au théâtre, ma sœur et moi, quand nous étions petits. J'adorais l'ambiance : le noir dans la salle, la lumière sur la scène et les acteurs qui parlaient fort. C'était magique. Nous allions aussi souvent dans les musées. Ma sœur détestait ça. Ma mère nous raconte encore aujourd'hui : « Vous adoriez les spectacles, les belles histoires que les acteurs racontaient. Et toi, Claire, tu n'aimais pas beaucoup les musées. Tu ne regardais pas les tableaux, tu préférais courir dans les salles. »

8.

Je mets à jour le site Internet de la galerie.

De juillet à septembre, la galerie propose une exposition sur l'Asie. Les photos sont magnifiques. Il y a aussi des peintures et des sculptures. Différents artistes présentent leurs plus belles œuvres. Le public vient nombreux tous les jours, ce qui est un très beau succès. *L'été dernier, la galerie…*

Phonétique

Le français familier à l'oral

À l'oral, en langage familier, **certains sons** ou **certains mots** ne sont pas prononcés.
- le [ə] : *C'est c̶e̶ que j̶e̶ dis.*
- le « ne » de la négation : *Je n̶e̶ sais pas.*
- le « u » de « tu » devant une voyelle ou un « h » muet : *T̶u̶ habites où ?*
- le « il » et le « n' » de « il n'y a pas… » : *I̶l̶ n̶'̶y a pas d̶e̶ problème.*
- le « l » de « il » : *I̶l̶ fait du sport tous les jours.*

1. **> Piste 43** ·  *piste 20*

J'écoute et je note la phrase que j'entends. Je répète les deux manières de prononcer avec mon voisin.

a. Phrase 1. J̶e̶ n̶'̶ai pas du tout aimé cette exposition !
Phrase 2. Je n'ai pas du tout aimé cette exposition !

b. Phrase 1. J̶e̶ n̶e̶ veux vraiment pas l̶e̶ faire !
Phrase 2. Je ne veux vraiment pas le faire !

c. Phrase 1. I̶l̶ n̶'̶y a pas d̶e̶ problème, tu peux v̶e̶nir !
Phrase 2. Il n'y a pas de problème, tu peux venir !

2.  **> Piste 44** · *piste 21*

J'écoute la « visite guidée » en français standard. Je répète le dialogue avec mon voisin.

– Bonjour, mesdames et messieurs, je vais vous présenter les œuvres de ce musée.
– Excusez-moi, madame, mais qu'est-ce que c'est, là ?
– Alors, ici, vous avez une sculpture moderne, qui ne plaît pas à tout le monde, mais qui est très célèbre. Elle représente un homme amoureux.
– Ah ! Et là, c'est le tableau qui est sur les affiches ?
– C'est cela, c'est bien le même tableau !

3. **> Piste 45** ·  *piste 22*

J'écoute la « visite guidée » en français familier. Je répète le dialogue avec mon voisin.

– Allez, viens Claire, j̶e̶ vais t̶e̶ montrer c̶e̶ musée. Je l̶e̶ connais bien. T̶u̶ aimes l'art en général ?
– Oui, bien sûr, tu l̶e̶ sais qu̶e̶ j'aime l'art ! Mais j̶e̶ veux surtout voir ton expo d̶e̶ photos. Tu m̶e̶ montres ?
– C'est par là ! Comme tu peux l̶e̶ voir, i̶l̶ y a beaucoup d̶e̶ couleurs magnifiques.
– Moi aussi, j'aime bien, mais j̶e̶ n̶'̶aime pas trop c̶e̶ tableau, là. J̶e̶ n̶e̶ comprends pas c̶e̶ qu'i̶l̶ représente.

INVITATION
**Exposition des sculptures d'Auguste Né
à la galerie d'art Le divan**

Tout est matière
**Des sculptures qui rappellent beaucoup d'objets
dans un monde qui change très vite.**

à 19h30
Entrée sur invitation seulement.

Galerie Le divan 12, rue Charles-Galland 1205 Genève

Retrouvailles

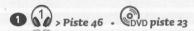

2 Rendez-vous

Aller à la galerie

❶ **> Piste 46** · **DVD piste 23**

Je retrouve Paul et Nora à la galerie. Paul nous parle du lieu de l'exposition. J'écoute et j'écris les changements.

❷

Je décris mes œuvres d'art préférées à Paul et à Nora. Nous n'avons pas les mêmes goûts. Je joue la scène avec mes voisins.

Visiter l'exposition

❸

J'envoie un texto à un ami. Je raconte ce que je vois dans la galerie.

Les objets sont utiles à l'homme, mais ils doivent aussi être beaux. Noires, blanches ou marron, les télévisions étaient des objets posés dans un espace. Aujourd'hui, on les met sur les murs comme des tableaux, des œuvres d'art.

❹

Je lis le commentaire de l'artiste. Avec mon voisin, je cherche des objets d'hier qui ont beaucoup changé ces dix dernières années.

❺

Après l'exposition, je décris dans mon cahier des objets qui ont beaucoup changé.

Changer la décoration de la classe

Étape 1 : En petits groupes, on imagine des objets pour la nouvelle décoration de la classe.

Étape 2 : On décrit les objets à la classe.

Étape 3 : On vote pour choisir une proposition.

Culture Vidéo

La Foire Internationale d'Art Contemporain ou FIAC

a lieu chaque année au mois d'octobre à Paris. Pendant plusieurs jours, cette manifestation artistique et commerciale est le lieu de rencontres internationales entre galeristes, collectionneurs, conservateurs, directeurs de musées et personnalités du monde de l'art contemporain international.

Regardez.

1 C'est à la FIAC ?

Que peut-on voir à la FIAC ? Répondez.

| des œuvres d'art classique | des œuvres d'art contemporain |

| des tableaux | des concerts | des sculptures |

| des galeries d'art | des défilés de mode | des visiteurs |

Écoutez.

2 Pourquoi les galeristes aiment la FIAC ?

Complétez l'interview de Maxime Falkenstein avec les adjectifs proposés.

a. Les ventes sont très ... .

b. La réponse des collectionneurs, des conservateurs, du public, de la presse a été ... et moi, je pense que la qualité de la foire est vraiment ... cette année.

c. Nous sommes vraiment extrêmement ... .

| impressionnés | positives |

| spectaculaire | exceptionnelle |

TOUS À LA FIAC !

Une autre ville d'art : Lyon

*Située entre le Nord et le Sud, près de la Suisse, de l'Allemagne
et de l'Italie, Lyon est la deuxième ville culturelle en Europe.
Pour en savoir plus : www.exponaute.com*

>> Et chez vous ?

Écoutez.

3 ### Que font les professionnels à la FIAC ?

Remettez dans l'ordre les informations données par Alix Dionot-Morani.

a. C'est l'occasion de rencontrer beaucoup de gens intéressants.

b. On se fait beaucoup de contacts.

c. C'est l'occasion de vendre des œuvres.

d. Il y a les collectionneurs, le public de l'art contemporain français, mais aussi européen
et international.

Exprimez-vous.

4 ### Une foire incontournable ?

**Vous avez aimé ce reportage ? Allez sur le site de la FIAC (http://www.fiac.com/), cliquez sur
« j'aime » et écrivez un message sur le « mur » de la page *Facebook* de la FIAC.**

Les Fonds Régionaux d'Art Contemporain ou FRAC

*existent dans chaque région française. Fin 2007, les FRAC avaient,
depuis leur création, 23 000 œuvres de 4 000 artistes différents.*

>> Et chez vous ?

Jour 3

A2.1

Rendez-vous 1

à découvrir
- Situer et localiser
- Raconter des événements

à savoir, à prononcer
- Le pronom relatif où
- Les pronoms de lieu en et y
- Le passé récent / Le présent continu / Le futur proche
- Les consonnes [k] et [g]
- Rythme et enchaînement

à faire
→ Créer un programme de vacances

Rendez-vous 2

à découvrir
- Décrire un environnement
- Expliquer le fonctionnement d'un appareil
- Donner une instruction

à savoir, à prononcer
- Les pronoms COD et COI
- L'impératif
- L'expression de l'interdiction
- Les consonnes [t] et [d]
- L'intonation de la phrase impérative

à faire
→ Rédiger un règlement de bonne conduite

Culture Vidéo

Les loisirs

Évaluation A2.1

Rendez-vous 1

08:00 À la montagne

12:00

13:00

14:00

15:00

AOSTE

16:00

Rendez-vous 2
Leçon de sport

17:00

18:

21:00

22:00

23:00

HORAIRES du 01-07 au 31-08
Ligne de bus : AVIGNON – PÉONE, PARC DU MERCANTOUR
Tous les lundis et vendredis

AVIGNON >>>>> PÉONE		PÉONE >>>>> AVIGNON	
AVIGNON – Gare routière	7.00	PÉONE – Centre	8.00
AVIGNON – Université	7.05	DIGNES-LES-BAINS – Mairie	9.05
AIX-EN- PROVENCE – Centre	8.00	MANOSQUE – Centre	9.30
PERTUIS – Place du Marché	8.35	PERTUIS – Place du Marché	10.05
MANOSQUE – Centre	9.20	AIX-EN- PROVENCE – Centre	10.40
DIGNES-LES-BAINS – Mairie	9.45	AVIGNON – Université	11.35
PÉONE – Centre	10.50	AVIGNON – Gare Routière	11.40

SITUER ET LOCALISER

❶ > Piste 65 • DVD piste 24

J'écoute le dialogue et je choisis la bonne réponse.

a. Le couple se prépare pour partir :
　1. au travail.
　2. en voyage.
　3. à un mariage.
b. L'homme ne trouve pas :
　1. sa tente.
　2. ses lunettes de soleil.
　3. ses chaussures.
c. Le couple va prendre :
　1. le bus.
　2. le train.
　3. l'avion.
d. Ils partent d'Avignon :
　1. de la gare routière à 17 h 00.
　2. de la gare SNCF à 7 h 00.
　3. de la gare routière à 7 h 00.

❷ > Piste 65 • DVD piste 24

Vrai ou faux ? J'écoute encore le dialogue et je vérifie les informations.

a. La femme est allée au magasin de sport pour acheter des lunettes de soleil.
b. Le couple part en week-end à La Rochelle dans quelques jours.
c. Le couple dort deux nuits à l'hôtel.
d. L'homme a acheté les billets de bus sur Internet.

❸ > Piste 65 • DVD piste 24

J'écoute encore le dialogue. J'observe le billet de bus et je trouve trois erreurs.

Avignon
(Université) /
Péone (Centre)

Aller : 15/07 – 7H05
Retour : 25/07 – 8H00

2 adultes / Aller-retour

Plein tarif :
78 euros

Je lis le message et je réponds à Mathieu.

De : mathieu@gmail.com
À : moi@orange.fr
Objet : chez Thomas

Salut !
Alors, c'est d'accord pour lundi matin ? On part ensemble de la gare routière d'Avignon et on va à Manosque chez Thomas ? Peux-tu regarder les horaires de départ ? J'arrive à la gare SNCF demain à 18 h. Rappelle-moi ton adresse et donne-moi des indications pour aller chez toi.
Bises.
Mathieu

Pour s'orienter dans l'espace

devant ≠ derrière
à côté de
en face de
au coin de
au bout de = à la fin de
aller tout droit
tourner à gauche / à droite

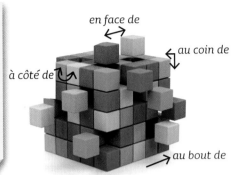

en face de
au coin de
à côté de
au bout de

 5

Mon voisin doit venir chez moi. J'explique comment aller de l'école à chez moi. Je joue la scène avec mon voisin.

RACONTER DES ÉVÉNEMENTS

http://www.forumKTJ.fr

Camille : Slt à tous !
Je vais partir faire du ski ou du snowboard la semaine du 4 avril : « **Tignes**, junior 18 à 26 ans » (130 places) ou « **Val-d'Isère**, formule indépendance 24 à 39 ans » (24 places) ???
Racontez-moi vos expériences svp !

Réponses :

Pauline34 : Bjr ! Tu devrais aller à Val-d'Isère. C'est génial ! Ttes les activités sportives sont gratuites. J'y suis restée deux semaines l'hiver dernier. D'abord, le matin, j'ai pris des cours de ski, ensuite, l'après-midi, j'ai surtout joué au volley et enfin, j'ai fait des courses avec des gens très sympas. En +, Tignes est une station magnifique, mais il n'y a pas bcp de nature parce qu'il fait froid...

Fabydelyon : Super ! Tu pars quand ?
Mes parents ont un appartement à Tignes : on y va tous les ans. Les promenades sont magnifiques. Mais pour skier, je V à Val-d'Isère. Si tu décides de venir à Tignes, on peut se voir et faire des activités ensemble. Bisous.

 6

J'écris les abréviations des messages et je cherche le sens.

Pour communiquer avec des amis par écrit

• Abréviations : **dc** (donc), **pr** (pour), **stp** (s'il te plaît), **bjr** (bonjour)...
• Langage codé : **mdr** (mort de rire) = **lol** (laughing out loud)...
• Émoticônes : ☺ ☹...

 7

Je note les activités, les points positifs et les points négatifs des deux stations de ski.

 8

Je réponds au message de Camille et je raconte mon expérience.

 9

Je raconte un voyage à mon voisin (points positifs, points négatifs).

Pour raconter des événements

alors / après / et
d'abord / ensuite / enfin

Grammaire

Le pronom relatif où

Cet article parle du village où nous sommes allés.

- On utilise « où » **pour relier deux phrases simples**.
- « Où » **remplace un complément de lieu**.

Nous visitons Bruxelles. Élisa habite à Bruxelles.

→ *Nous visitons Bruxelles où Élisa habite.*

Rappel

Les pronoms relatifs « qui » et « que » remplacent un nom de personne ou de chose.

« Qui » est **sujet**.

« Que » est **complément**.

(Voir page 34.)

Les pronoms de lieu en et y

– *Elle part à la montagne cette semaine ?*
– *Non, elle en revient. Elle y était la semaine dernière.*

« Y » et « en » **remplacent un complément de lieu**.
- Avec *à, en, dans, sur, chez* → *y*
– *Est-ce que Marie va à l'exposition de Paul ?*
– *Oui, elle y va.*
- Avec *de* → *en*
– *Tu viens de la galerie de Paul ?*
– *Oui, j'en viens.*

1.

Je relie les phrases avec où.

Amélie est partie à la montagne.
Elle fait du ski à la montagne.

→ *Amélie est partie à la montagne où elle fait du ski.*

a. Carole est allée à l'exposition d'Arman.
Elle a acheté une affiche à l'exposition.
b. À Paris, il y a beaucoup de parcs.
Je me promène dans les parcs.
c. Je fais du football dans un club.
Frank Leveau a joué dans ce club.
d. On fait la fête sur le port.
Il y a beaucoup de bars sur le port.
e. Marthe adore cette maison.
Ils ont tourné un film dans cette maison.

2.

Je présente mes activités. J'utilise les pronoms qui, que et où.

J'adore le club où je joue au foot.

3.

Je lis le dialogue et je remplace les compléments de lieu par un pronom.

– Vous êtes allés à Tignes cette année ?
– Oui, nous sommes restés une semaine (à Tignes).
C'était vraiment bien. Nous avons fait beaucoup de choses (à Tignes).
– Et vous avez rapporté des souvenirs (de Tignes) ?
– Non, aucun. Et toi ? Tu étais en Provence ?
– Oui, je suis resté une semaine (en Provence).

4.

Je choisis la bonne réponse.

a. Vous vous y promenez souvent ?
 1. du parc   **2.** sur la plage
b. Nous en sommes partis la semaine dernière.
 1. des îles   **2.** en voiture
c. J'en viens.
 1. de l'université   **2.** à la piscine
d. Elle n'y est pas allée.
 1. à la montagne   **2.** de France
e. Ils en sortent.
 1. par la rue   **2.** du restaurant
f. Tu y fais du sport ?
 1. au lycée   **2.** pour le club

5.

Je réponds aux questions. J'utilise les pronoms en ou y.

a. – Elle vient de France ?
 → – Oui, … .
b. – Tu reviens de vacances ?
 → – Oui, … .

c. – Tu vas souvent à la mer avec tes amis ?
→ – Oui, … .
d. – Tes parents vont à la montagne l'hiver ?
→ – Non, … .
e. – Tu viens de ton club de sport ?
→ – Oui, … .
f. – Tu retournes chez toi après le cours ?
→ – Non, … .

Le passé récent / Le présent continu / Le futur proche

– Allô, Pierre ? Tu arrives bientôt ?
– Oui, oui. Je *viens de* prendre ma douche et je *suis en train de* m'habiller. Je *vais sortir* dans dix minutes.

On utilise :
• le **passé récent** pour parler d'une action passée très proche ;
• le **présent continu** pour parler d'une action en cours de déroulement, non terminée ;
• le **futur proche** pour parler d'une action qui va se réaliser bientôt.

6.

J'écris la construction du passé récent, du présent continu et du futur proche comme dans l'exemple.

a. Le passé récent :
venir au présent + de + verbe à l'infinitif
→ *Il vient de sortir.*
b. Le présent continu : … .
c. Le futur proche : … .

7.

Je suis en train d'organiser ma semaine de vacances. J'utilise le passé récent, le présent continu et le futur proche pour expliquer mon programme.
Je viens de réserver mon billet de train. …

8.

Je pose des questions à mon voisin. On utilise le passé récent, le présent continu et le futur proche.
– *Qu'est-ce que tu es en train de faire ?*
– …

Les consonnes [k] et [g]

Pour écrire les sons [k] et [g], j'utilise plusieurs lettres.
• [k] → qu ou k   *qui – bouquet – kilo*
– c ou cc (+ a, o, u)   *café – couleur – accord*
– c + consonne   *clé – cru*
• [g] → g (+ a, o, u)   *gare – golf – légume*
– gu (+ e, i, y)   *bague – guitare – Guy*
– g + consonne   *gris – grand-père*

1. > *Piste 66* • DVD *piste 25*

J'écoute et je souligne les mots quand j'entends les sons [k] ou [g].
[k] ou [s] ? → cinéma – café – commerce – cerise –
          club – école – climat – déçu – cirque –
          occupé – camping – bouquet
[g] ou [ʒ] ? → magasin – général – gymnastique –
          golf – glace – gauche – Gauguin –
          glisser – Gilles

2. > *Piste 67* • DVD *piste 26*

J'écoute et je complète les mots avec « c » si j'entends [k] ou « g » si j'entends [g].
a. …ar **b.** …amp **c.** …oût **d.** …omme **e.** lé…ume
…are   …ant   …ou   …omme   l'é…ume

Rythme et enchaînement

• Quand un mot se termine par une **voyelle** et que le mot suivant commence aussi par une voyelle, on ne fait pas de pause entre les deux mots. C'est l'**enchaînement vocalique**.
• Beaucoup de **consonnes** finales ne sont pas prononcées. Ce sont des consonnes muettes.
– Tu va̸s à Aoste ? Tu y va̸s au̸jourd'hui ?
– Oui, j'y va̸s à onze heures.

3. > *Piste 68* • DVD *piste 27*

J'écoute et je joue les dialogues avec mon voisin.
a. – Tu e̸s arrivé à Aoste hier ?
– Oui, c'es̸t h̸ier que je sui̸s arrivé.
b. – On peu̸t alle̸r à Avignon en bus ou en train ?
– On peu̸t y aller par ces deux moyen̸s ou aussi en voiture, bien sûr !
c. – On va aux̸ Halles ou on atten̸d ici ?
– On va alle̸r aux̸ Halles pour acheter des pain̸s au chocolat.

➡️ *Préparer le voyage*

❶ 🎧 ¹ › Piste 69 · 💿 DVD piste 28

J'écoute le message de Benoît et je contrôle le billet pour Aoste.

Chamonix / Aoste

Aller : 11/03 – 15 H 00
Arrivée : 11/03 – 17 H 30

2 adultes / Aller-retour

2 adultes
1 enfant

DE
MARSEILLE SAINT-CHARLES

DESTINATION
CHAMONIX

Départ : 11 mars à 8 h 31

Arrivée : 11 mars à 13 h 20

Durée 04 h 49
2ᵉ classe
Aller simple
Voyageurs : 2 adultes
1 enfant

❷ ✏️

Je lis le document. J'écris un courriel à Benoît pour confirmer le rendez-vous et lui donner des informations sur les activités et les prix.

Valle d'Aosta

La Carte Loisirs : un moyen pratique de profiter de vos vacances à Aoste.

À Aoste, c'est pour tous et c'est gratuit pour les enfants !*

Avec la Carte Loisirs, profitez cet hiver d'activités pour toute la famille.

- Plus de sport
Carte « Pass » pour les pistes et pour les sports : volley, basket, piscine, tennis...
- Plus de culture
Visites guidées
- Plus de services
  – Bus entre les villages et les pistes
  – WiFi dans les offices de tourisme

FORFAITS DU 3 NOVEMBRE AU 29 AVRIL

DURÉE	ADULTES	ENFANTS (- 16 ans)*	ENFANTS (- 5 ans)
4 journées	165 €	135 €	Gratuit
6 journées	230 €	180 €	Gratuit

*Pour toute carte adulte achetée, la carte enfant est gratuite.

❸ 💬

Dans le train, je raconte à Benoît une histoire de voyage avec ma famille.

Avec ma famille, on...

À la montagne

 Organiser les activités

 **Valle d'Aosta**

Le spectacle de la nature
Les plus hautes montagnes d'Europe, le premier Parc national d'Italie, de merveilleux paysages.

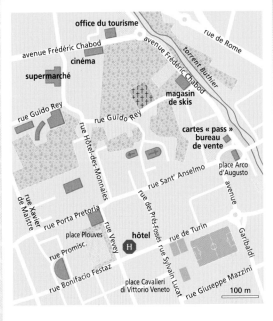

En petits groupes, on organise le programme des activités pour nos vacances à Aoste (du vendredi soir au mercredi matin).

Vendredi soir → Acheter les Cartes Loisirs pour aller sur les pistes.

5

Je regarde le plan et je situe les lieux utiles à partir de notre hôtel.

6 🎧 **1** > **Piste 70** · 💿**DVD piste 29**

Dans le train, on rencontre le vendeur d'un magasin de skis à Aoste. Il nous donne des informations sur son magasin. Je repère le magasin sur le plan.

 **TÂCHE**

Créer un programme de vacances

Étape 1 : En petits groupes, on répond à la question du sondage. On met les réponses en commun.

Pendant vos vacances, vous préférez ?	○ Les activités sportives	57,65 %
	○ Les périodes de temps libre	31,76 %
	○ Les repas	12,94 %
	○ Les activités non sportives	22,35 %
	○ Les soirées	49,41 %
SONDAGE À CHOIX MULTIPLE VOTANTS : 850 JEUNES DE 16 À 35 ANS.	○ La nuit peut-être…	28,24 %

Étape 2 : On choisit un lieu de vacances. On organise le voyage (le nombre de voyageurs, les transports, la durée du voyage, le logement…).

Étape 3 : On choisit les activités.

Étape 4 : On propose le voyage à la classe et on situe la destination sur la carte page 187.

Inscrivez-vous à la course « 48 heures nature » !

> Allez sur notre page www.sportsante.com, puis cliquez sur « s'inscrire ».

> Écrivez votre nom, votre prénom et votre adresse, puis choisissez votre catégorie : débutant, moyen, expérimenté.

> L'inscription coûte 120 €. Vous pouvez :
  – payer en une ou deux fois,
  – payer au club (4, rue Auguste-Renoir) ou sur Internet.

> Validez votre inscription.

La montre GPS-boussole « Étoile du Nord »

Conseils d'utilisation
1. Bien attacher la montre à votre bras.
2. Appuyer sur le bouton rouge pour allumer le GPS.
3. Appuyer sur le bouton bleu pour indiquer où vous êtes.
   > Un « bip » : le lieu est enregistré.
   > Deux « bips » : le GPS cherche encore.
4. Ne jamais éteindre le GPS quand vous marchez.
5. Appuyer 10 secondes sur le bouton rouge pour éteindre le GPS.

DÉCRIRE UN ENVIRONNEMENT

1 > Piste 71 · DVD *piste 30*

J'écoute le document et je trouve les lieux de la course de montagne.

2 🖉

Je décris le paysage de ma région.

Dans ma région, il y a un lac.

a.

b.

c.

d.

La montagne
le pont
la rivière
le lac

La campagne
le champ
la forêt

La mer
la plage

EXPLIQUER LE FONCTIONNEMENT D'UN APPAREIL

3  **> Piste 71** • **DVD piste 30**

J'écoute encore le document. J'explique pourquoi on donne une montre aux participants de la course.

4

J'associe les dessins aux conseils d'utilisation de la montre GPS-boussole.

1. → *Conseil 4.*

2. → Conseil ... .

3. → Conseil ... .

4. → Conseil ... .

5. → Conseil ... .

> **Pour préciser l'ordre**
> – **D'abord / Tout d'abord,**
>   brancher l'appareil.
> – **Ensuite / Puis**
>   appuyer sur le bouton « marche ».
> – **Enfin / Pour finir,**
>   appuyer sur le bouton « arrêt »
>   et débrancher l'appareil.

5

Je propose à un ami de participer à la course avec moi. Je lui envoie un message pour lui donner des explications.

6

Qu'est-ce que c'est ?

DONNER UNE INSTRUCTION

7 **> Piste 71** • **DVD piste 30**

J'écoute encore le document et je note les instructions que j'entends.

a. Prenez vos vélos !
b. Défense de sortir de l'itinéraire !
c. Suivez l'itinéraire rouge !
d. Lisez-les bien !

e. Servez-vous !
f. Buvez une boisson chaude après l'épreuve de natation !
g. Respectez la nature !
h. Mettez les bouteilles dans votre sac à dos !

8

Je lis le prospectus (page 48) et j'explique à mon voisin comment on s'inscrit à la course.

☒ à savoir
☒ à prononcer

Grammaire

Les pronoms COD et COI

– *Tu lui <u>donnes</u> le plan pour venir ?*
– *Non, elle l'<u>a</u> déjà.*

• Les pronoms **COD** sont :

	Singulier	Pluriel
1re pers.	*Il me connaît bien.*	*On nous appelle.*
2e pers.	*Je t'appelle demain.*	*Ils vous cherchent.*
3e pers.	*Il la regarde.* *Il le prête.*	*Je les trouve très forts.*

• Les pronoms **COI** sont :

	Singulier	Pluriel
1re pers.	*Il me parle de la course.*	*Ce vélo nous plaît.*
2e pers.	*Je te téléphone demain.*	*Je vous réponds « oui ».*
3e pers.	*Elles lui montrent le lac.*	*Il leur donne des conseils.*

• Les pronoms **COD** et **COI** se placent **avant** le verbe.
J'écris à la directrice de la course. ➔ *Je lui <u>écris</u>.*

L'impératif

Prêts ?
Partez !

• On utilise l'impératif pour donner un ordre ou un conseil.
• L'impératif a les mêmes formes que le **présent de l'indicatif**.
Il n'a pas de pronom sujet. Il n'a que **trois personnes**.

		Affirmation	Négation
Regarder	(tu)	Regarde !	Ne regarde pas !
	(nous)	Regardons !	Ne regardons pas !
	(vous)	Regardez !	Ne regardez pas !
Choisir	(tu)	Choisis !	Ne choisis pas !
	(nous)	Choisissons !	Ne choisissons pas !
	(vous)	Choisissez !	Ne choisissez pas !
Faire	(tu)	Fais (cela) !	Ne fais pas (cela) !
	(nous)	Faisons (cela) !	Ne faisons pas (cela) !
	(vous)	Faites (cela) !	Ne faites pas (cela) !

Attention !
• Les verbes en « **-er** » ne prennent pas de « -s » final à la 2e personne du singulier.
Donner ➔ *Donne le départ !*
• Certains verbes changent de forme.
Être ➔ *Sois, soyons, soyez !*
Avoir ➔ *Aie, ayons, ayez !*
• Les pronoms **COD** et **COI** se placent **après** le verbe.
Mon vélo te plaît ? N'hésite pas, <u>essaie</u>-le !
• « Me » et « te » deviennent « moi » et « toi ».
Regarde-moi ! / Lève-toi !
• Avec « ne… pas » :
Ce sont mes clés : <u>ne</u> les prends <u>pas</u> !

1.

Je relève les pronoms COD et COI et je souligne les noms qu'ils remplacent.

Vous allez vous promener aujourd'hui dans notre belle montagne. C'est très bien, mais attention ! Il faut *la* respecter. Tout d'abord, il est interdit de jeter les bouteilles vides et les papiers dans la nature : on les met dans son sac ou on les met dans une poubelle. Ensuite, les animaux sont nombreux : observez-les tranquillement sans leur faire peur. Enfin, prenez le temps de les observer : donnez-leur toute votre attention et vous trouverez la nature encore plus belle.
a. Pronoms COD : *la* ➔ *la montagne* / …
b. Pronoms COI : … / …

2.

Je remplace les COD et les COI par des pronoms.
a. J'ai vu le coureur à la télé.
b. L'organisateur écrit aux participants pour les remercier.
c. Il a reçu le GPS en cadeau.
d. Il rappelle à Arnaud comment fonctionne le GPS.
e. Le coureur demande son chemin à Pierre et à moi.

3.

J'écris les ordres.
a. Ranger sa chambre (tu) ➔ … !
b. Signer ici (vous) ➔ … !
c. Ne pas partir (nous) ➔ … !
d. Être silencieux (vous) ➔ … !
e. Sortir par cette porte (nous) ➔ … !
f. Ne pas attendre ici (tu) ➔ … !

Leçon de sport

4.

Je mets les mots dans l'ordre.

a. ayez / peur / n' / pas

b. ne / jamais / prête / la

c. ne / pas / au lit / va / trop tard

d. lui / offre / ne / pas / de GPS

e. ma / apporte / moi / montre

L'expression de l'interdiction

Ne pas utiliser la montre dans l'eau.

Défense d'allumer les téléphones !

> • À l'oral, on utilise *il est interdit de / il est défendu de* + infinitif.
>
> *Il est interdit de marcher sur la pelouse.*
>
> • À l'écrit, on utilise *interdit de / défense de* + infinitif.
>
> *Défense de téléphoner pendant les examens.*

5.

Je lis les exemples et j'écris la règle.

> Pour interdire quelque chose :
>
> → à l'oral, on utilise ... à la forme négative :
>
> *Ne mange pas avec les doigts !*
>
> → à l'écrit, on utilise ... à la forme négative :
>
> *Ne pas toucher.*

6.

J'écris les interdictions.

Éteindre la lumière. → *Ne pas éteindre la lumière !*

a. Fumer dans les lieux publics.

b. Utiliser l'appareil dans l'eau.

c. Ouvrir la fenêtre.

d. Sortir du chemin.

e. Manger tout.

7.

J'interdis à mon voisin ou à la classe de faire trois choses.

8.

Sur un forum, je lis la question et je réponds. Je pose une question à mon voisin sur un autre pays.

En France, il est interdit de téléphoner en voiture. Et chez toi, qu'est-ce qui est interdit ?

Phonétique

Les consonnes [t] et [d]

> • [t] s'écrit → t ou tt   *montre – attention*
>
> • [d] s'écrit → d ou dd (rare) *deux – addition*
>
> **Attention !**
>
> On ne prononce pas « t » et « d » à la fin d'un mot : *petit – grand.*

1. **> Piste 72** • DVD **piste 31**

J'écoute et je répète les phrases. Je souligne les mots quand j'entends les sons [t] et [d].

a. Daniel et Sandra ont décidé de faire de la randonnée en montagne l'été prochain. Ils vont sans doute aller du côté de la frontière italienne.

b. L'organisateur de la course demande aux participants de bien respecter l'utilisation de la montre GPS et il conseille à tous d'être patients et attentifs avant de partir à l'aventure.

2.  **> Piste 73** • DVD **piste 32**

J'écoute et je complète les mots avec « t » si j'entends [t] ou « d » si j'entends [d].

a. ...ouche   **c.** cô...é   **e.** aman...e

...ouche   co...é   aman...e

b. ...onne   **d.** ...a...er

...onne   ...â...er

3.

Je lis les trois virelangues de plus en plus vite.

a. Ton thé t'a-t-il ôté ta toux ?

b. Tata, as-tu ton tutu tout en tulle ?

c. Didon dîna, dit-on, du dos dodu d'un dodu dindon.

L'intonation de la phrase impérative

> • Quand je dis une **phrase à l'impératif**, je veux donner un **ordre** ou un **conseil**.
>
> • **Ma voix descend** à la fin de la phrase.

4.  **> Piste 74** • DVD **piste 33**

J'écoute et je répète les phrases. J'imite l'intonation proposée.

a. Faites attention !

b. Attends-moi !

c. Écoute-la si tu veux !

d. N'oublie pas de venir me voir !

e. Mais regarde où tu marches !

Rendez-vous 2 ☒ à faire

➡ S'organiser

❶ 🔍

En petits groupes, on reprend le programme de nos activités à Aoste (page 47).

a. On note qui fait quoi, où et comment.
b. J'écris les instructions pour une de mes activités.

❷ ✏

J'envoie un texto à Olga pour décrire la montagne.

❸ 💬

Je fais des photos du paysage avec mon nouvel appareil photo. J'explique à Benoît comment il fonctionne.
Je joue la scène avec mon voisin.

Leçon de sport

2 Rendez-vous

➤ *Pratiquer un nouveau sport*

❹ 🎧 **> Piste 75** · 📀 **DVD piste 34**

Dans la rue, un moniteur de parapente me donne un prospectus. Il explique comment on pratique ce sport. J'écoute les instructions et je les associe aux photos.

❺ ✏

Dans un café, avec Benoît, on parle des objets pour faire du sport. On écrit les conseils d'utilisation pour un objet et on dessine pour illustrer.

TÂCHE

Rédiger un règlement de bonne conduite

Étape 1 : En petits groupes, on note les problèmes qui peuvent exister dans les différents lieux de l'école.

Étape 2 : On parle pour trouver des solutions à ces problèmes.

Étape 3 : On dessine des panneaux d'interdiction pour chaque lieu.

Étape 4 : On rédige un règlement de bonne conduite qu'on illustre avec les panneaux.

Culture Vidéo

1 Regardez.

Quel thème ?

**Observez les images, puis résumez
en une phrase le sujet de la vidéo.**

2 Regardez et écoutez.

Quels jeux ?

Associez les images aux titres des jeux vidéo.

a. « Avatar »

b. « Michaël Jackson : the experience »

c. « Assassin's Creed »

d. « Les Lapins crétins »

3 Regardez et écoutez.

Dans quel ordre ?

Notez l'ordre des séquences de la vidéo.

a. n° ☐ Commentaire de Xavier Pois, directeur des studios français d'*Ubisoft*.

b. n° ☐ Images de quelques « best sellers » d'*Ubisoft*.

c. n° ☐ Présentation de la *Kinect* au salon du jeu vidéo.

d. n° ☐ Spot publicitaire pour le dernier jeu disponible.

e. n° ☐ Test de la Kinect dans les bureaux de la société *Ubisoft*.

f. n° ☐ Commentaire de Laëtitia Roques, testeur chez *Ubisoft*.

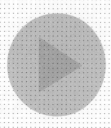

BOUGEZ AVEC *KINECT* !

 4 Écoutez.

Qui dit quoi ?

Retrouvez les paroles de Laëtitia Roques et Xavier Pois.

a. Vous avez un coach à l'écran qui effectue une chorégraphie.

b. Il y a une vraie culture du jeu vidéo en France.

c. On baigne dans la BD.

d. Il y a de très bonnes écoles.

e. Le but, c'est de reproduire cette chorégraphie.

Phrases : ....

Phrases : ....

 5 Écoutez.

Vrai ou faux ?

Dites si les affirmations suivantes sont vraies ou fausses.

a. La *Kinect* capte les mouvements du corps. → ......

b. *Ubisoft* est le premier éditeur mondial de jeux vidéo. → ......

c. Le marché des jeux vidéo représente aujourd'hui 30 milliards d'euros. → ......

d. La France est bien placée dans le domaine des jeux vidéo. → ......

e. Les bureaux d'*Ubisoft* sont à Hollywood. → ......

f. Un nouveau jeu, adapté du film « Tintin » de Spielberg, va bientôt sortir. → ......

 6 Exprimez-vous.

« Fans » de jeux vidéo ?

Interrogez votre voisin, puis répondez à votre tour à ses questions.

– Aimes-tu les jeux vidéo ? Pourquoi ?

– As-tu une console chez toi ?

– Est-ce que tu joues sur Internet ?

Les médias dans la vie des Français

Les médias et les loisirs interactifs ont une place importante dans le quotidien des Français. En 2010, 99 % des Français ont eu au moins un contact quotidien avec les cinq principaux médias (télévision, radio, presse, Internet et cinéma) et les trois quarts de la population ont utilisé au moins un loisir interactif (vidéo, téléphone fixe et mobile, musique et jeux vidéo) dans la journée.

>> Et chez vous ?

Évaluation 1

Delf A2.1

Activité 1 🎧 > Piste 90 | **4 points**

Objectif : identifier une personne

Écoutez Pedro et répondez aux questions.

1. Pedro habite dans le quartier depuis : .... 1 point
   a. peu de temps. – **b.** un an. – **c.** longtemps.

2. Maël porte : .... 1 point
   a. un pantalon bleu. – **b.** un pull bleu. – **c.** une veste bleue.

3. Que fait Maël tous les matins ? .... 1 point

4. Madame Belin a les cheveux : .... 1 point
   a. noirs. – **b.** blancs. – **c.** blonds.

Activité 2 🎧 > Piste 91 | **5 points**

Objectif : identifier les centres d'intérêt

Écoutez l'animateur à la radio et répondez aux questions.

1. L'animateur annonce : .... 1 point
   a. un débat politique. – **b.** une émission littéraire. – **c.** un jeu.

2. Marina pratique : .... 1 point
   a. la danse. – **b.** le ski. – **c.** la voile.

3. Quel âge a Jules ? .... 2 points

4. Jules aime : .... 1 point
   a. le cinéma. – **b.** la lecture. – **c.** le théâtre.

Activité 3 🎧 > Piste 92 | **6 points**

Objectif : comprendre des instructions

Votre ami téléphone au service après-vente *Dartorama*. Écoutez les conseils du vendeur et répondez aux questions.

1. Votre ami a acheté : .... 1 point
   a. un GPS. – **b.** un ordinateur. – **c.** un téléphone.

2. Son numéro de client est le : .... 2 points

3. Le vendeur conseille : .... 1 point
   a. d'appuyer sur l'appareil. – **b.** de débrancher l'appareil. – **c.** d'ouvrir l'appareil.

4. Quand l'appareil est allumé, que faut-il faire ? .... 2 points

Activité 4 > Piste 93   10 points

Objectif : identifier des situations

Écoutez et écrivez le numéro des situations sous le dessin correspondant.
Attention, il y a quatre situations et cinq dessins.

a. situation n° ...   **b.** situation n° ...   **c.** situation n° ...   **d.** situation n° ...   **e.** situation n° ...

COMPRÉHENSION DES ÉCRITS   30 minutes

Date : 12 juillet

Salut,
Alors, c'est d'accord pour samedi soir ?
Je pars de la gare routière de Bordeaux et
j'arrive directement à Toulouse chez
Francesca pour son anniversaire. J'ai regardé
les horaires de départ. J'arrive à la gare
à 18 h 00. Ne viens pas me chercher !
Rappelle-moi son adresse et donne-moi des
indications pour aller chez elle. C'est bien
à côté du Parc, à droite, après l'église ?
En face, il y a une Poste non ?
Bises.
Jo

Activité 1   6 points

Objectif : donner des instructions

Lisez l'affiche et répondez aux questions.

1. C'est une affiche pour participer à : . . . . 1 point
   a. un concours.
   b. une exposition.
   c. un voyage.

2. Pour participer, je dois : . . . . 1 point

3. Quel jour et à quelle heure se passe l'action ?
   (2 réponses) . . . . 2 points

4. L'exposition se passe : . . . . 1 point
   a. dans un bar.
   b. dans une galerie.
   c. dans un restaurant.

5. Vous pouvez gagner : . . . . 1 point
   a. un appareil photo.
   b. un voyage en France.
   c. un cadeau.

Activité 2   6 points

Objectif : lire pour s'orienter dans l'espace

Lisez le message de Jo et répondez aux questions.

1. Jo : . . . . 1 point
   a. vous annonce son arrivée.
   b. vous propose un voyage.
   c. vous demande de venir.

2. À quelle date est la fête ? . . . . 1 point

3. Dans quelle ville se passe la fête ? . . . . 1 point

4. Vous devez : . . . . 1 point
    a. acheter les billets de train.
    b. aller chercher votre ami à la gare.
    c. donner des informations à Jo sur l'adresse.

5. Où habite Francesca ? . . . . 2 points

a.

b.

c.

CHIC ET PAS CHER

Profitez de nos promotions pour l'hiver :
manteaux et écharpes à moitié prix !

À partir du 5 février, c'est la
Période bleue
avec tous les articles bleus à moins **20 %** !

La taille ne convient pas ? La couleur ne plaît pas ou vous avez changé d'avis ? Venez échanger les articles sans explication.

Retrouvez notre **boutique en ligne** pour tous vos achats de dernière minute et recevez vos achats chez vous 24 h 00 après.

INSOLITE !
Deux hommes ont gagné 5 millions d'euros chacun...

Ils ont bien commencé l'année. Deux hommes ont gagné, tous les deux, la somme de 10 millions d'euros au Super Loto de la Saint-Sylvestre. Les deux amis avaient l'habitude de jouer ensemble. Le jour de Noël, ils ont joué, mais ils ont perdu. Une semaine plus tard, l'homme de 80 ans a gagné, seul, le Loto du Nouvel An... avec les mêmes numéros. Une somme qu'il a décidé de partager tout de suite avec son ami qui a 20 ans. C'est donc ensemble que les deux gagnants vont fêter leur succès. Premier projet : un voyage autour du monde.

Le Parisien

Activité 3   6 points

Objectif : lire pour choisir

Vous êtes dans un magasin. Lisez le document et répondez aux questions.

    1. Qu'est-ce que je peux acheter en solde ? . . . . 2 points

    2. Que se passe-t-il le 5 février ? . . . . 2 points

    3. Le vêtement ne convient pas : je peux . . . . 1 point

    4. Le magasin est fermé. Qu'est-ce que je peux faire ? . . . . . 1 point

Activité 4   7 points

Objectif : lire pour s'informer

Vous êtes en France. Lisez le journal et répondez aux questions.

    1. Le texte : . . . . 1 point
        a. informe sur une nouveauté.
        b. raconte un événement.
        c. propose une activité.

    2. Il parle : . . . . 1 point
        a. d'économie.
        b. de cinéma.
        c. de vie quotidienne.

    3. Qui a gagné ? . . . . 2 points
        a. un homme de 20 ans.
        b. un homme de 60 ans.
        c. un homme de 80 ans.

    4. Quel jour a-t-il gagné ? . . . . 1 point

    5. Quel est le projet de ces personnes ? . . . . 2 points

PRODUCTION ÉCRITE   30 minutes

Activité 1   10 points

Objectif : compléter un formulaire libre

Vous vous inscrivez dans une salle de sport. Pour mieux vous connaître, on vous demande de vous présenter par écrit (nom, prénom, âge, sports déjà pratiqués, cours choisis…).

Salut !
J'ai deux invitations pour aller voir le Cirque du Soleil, dimanche prochain. Qu'est-ce que tu en penses ? Tu viens avec moi ? C'est à 15 h 00.
Maxou

Activité 2   15 points

Objectif : répondre à un message simple (60 à 80 mots)

Vous répondez à Maxou. Vous le remerciez. Vous refusez son invitation et vous expliquez pourquoi. Vous vous excusez et vous proposez un autre rendez-vous.

PRODUCTION ORALE   5 à 7 minutes

Activité 1 : Entretien dirigé

Objectif : parler de soi

Répondez aux questions.
- Parlez de vos journées, de vos amis, de vos loisirs.
- Vous faites du sport ? de la musique ?

Activité 2 : Monologue suivi

Objectif : parler de ses centres d'intérêt

1. Le sport
   - Faites-vous un sport ? Quel sport ? Depuis combien de temps ?
   - Regardez-vous le sport à la télévision ? Avec qui ?

2. Les vacances
   - Racontez ce que vous faites pendant les vacances.
   - Racontez vos vacances rêvées.

Activité 3 : Exercice en interaction

Objectif : donner une recette / parler de ses projets

1. Vous voulez organiser une fête surprise pour l'anniversaire de votre ami, Lucas. Vous discutez avec votre ami (lieu ? jour ? invités ? cadeau ?...)
   L'examinateur joue le rôle de l'ami.

2. Vous visitez Nice. Vous vous êtes perdu. Vous demandez votre chemin à une personne dans la rue.
   L'examinateur joue le rôle du passant.

Jour 4

A2

Rendez-vous 1

à découvrir
- Parler de son quartier
- Exprimer des décisions collectives

à savoir, à prononcer
- Le futur simple
- Les expressions temporelles du futur
- La cause et la conséquence
- Les voyelles [ɛ̃], [ɑ̃], [ɔ̃]

à faire
→ Organiser un événement

Rendez-vous 2

à découvrir
- Exprimer des sentiments
- Décrire un état physique
- Exprimer la fréquence

à savoir, à prononcer
- l'accord des adjectifs
- La place et la forme des adjectifs
- Le passé composé
- La dénasalisation des voyelles [ɛ̃], [ɑ̃], [ɔ̃]

à faire
→ Créer un carnet de secours

Culture Vidéo

Les tribus

09:00

Rendez-vous 1
Voisins, voisines

10:00

13:

14:00

15:00

16:00

17:00

Rendez-vous 2
Un accident

18:00

19:00

20:00

21:00

22:00

23:00

AJP Association pour les jardins et les parcs

**RÉNOVATION DU JARDIN PIERRE PUGET :
L'AVENIR DU JARDIN EST EN DANGER !**

Non au projet de la société « Toubéton » !

OUI AU PROJET DE L'ASSOCIATION !

Notre association est POUR la rénovation du *jardin Pierre Puget*, mais nous n'accepterons pas le projet de la société « Toubéton » parce que nous sommes CONTRE :
> la fermeture du jardin pendant deux ans ;
> les murs en béton autour du jardin ;
> le prix important des travaux.

VOUS AUSSI, VOUS VOULEZ FAIRE CHANGER LES CHOSES ?
C'est pour cela que nous organisons cette réunion.
Venez avec vos voisins, vos amis, votre famille.
Vous deviendrez membre de l'association
et vous nous aiderez à définir le projet de rénovation.
Dans quelques années, nous aurons un quartier magnifique.

**Réunion dans la salle municipale
le mardi 12 juin à 18 h 00
36, rue Mermoz – 13008 Marseille**

Plus d'infos : http://www.ajp-asso.fr/

PARLER DE SON QUARTIER

1

Je lis le prospectus et je réponds aux questions.

a. Que signifie AJP ?
b. De quoi s'occupe l'AJP ?
c. Quel lieu veut-on rénover ?
d. Qui doit se réunir ?
e. Où et quand se passe la réunion ?

2 > **Piste 2** • **DVD** *piste 35*

J'écoute le dialogue et je dis de quoi parlent les deux personnes. Je choisis le bon dessin.

3 ✏

En petits groupes, on écrit des phrases pour chaque lieu de l'encadré.

Les gens se promènent dans le parc.

4 💬

Je décris mon quartier.

Dans mon quartier, il y a un stade où je fais du sport avec mes amis.

> **Pour parler de mon quartier**
> • *Les gens du quartier = les voisins.*
> • *Les lieux = la mairie, la salle municipale, la salle de réunion, le local associatif, le club de sport, le parc.*
> • *Les activités = une promenade, un événement sportif / culturel / artistique, une fête, un repas.*

EXPRIMER DES DÉCISIONS COLLECTIVES

5

Je lis encore le prospectus et je réponds aux questions.

a. Quels sont les éléments négatifs du projet « Toubéton » ?
b. Pourquoi faut-il participer à la réunion ?

> **Le monde des associations**
> • *Une association, un membre d'une association, une réunion.*
> • *Les domaines d'activités :*
>   *sportif, éducatif, social, environnemental, écologique, économique, politique.*
> • *Les partenaires :*
>   *une mairie, un parti politique, un club.*

6 💬

Je veux devenir membre d'une association. Je choisis un domaine d'activités et j'explique mon choix.

7

En petits groupes, on choisit un lieu du quartier. On fait des propositions pour améliorer ce lieu.

l'école - le parc - l'immeuble - la salle municipale
l'école → *proposer plus d'espaces verts.*

Grammaire

Le futur simple

– *Demain, je* participerai *à la fête des jardins.*
– *Nous y* serons *aussi !*

On utilise le futur simple pour **exprimer un projet, une action à venir**.

• **Formation** pour les verbes en « **-er** » et « **-ir** » :
verbe à l'infinitif + « -ai », « -as », « -a », « -ons », « -ez », « -ont ».

Participer ➜ *je* participerai */ partir* ➜ *tu* partiras

• **Formation** pour les verbes en « **-re** » :
verbe à l'infinitif sans le « -e » final + « -ai », « -as », « -a », « -ons », « -ez », « -ont ».

Prendr-e ➜ *il* prendra */ dir-e* ➜ *nous* dirons

• **Quelques verbes irréguliers**

Aller	➜ j'irai.	*Savoir*	➜ je saurai.
Avoir	➜ j'aurai.	*Venir*	➜ je viendrai.
Être	➜ je serai.	*Voir*	➜ je verrai.
Faire	➜ je ferai.	*Vouloir*	➜ je voudrai.
Pouvoir	➜ je pourrai.		

1.

Vrai ou faux ? Je réponds et je donne des exemples.

a. Les terminaisons de l'imparfait et du futur sont les mêmes avec *je*.

b. On forme toujours le futur avec « r- » + les terminaisons.

c. Toutes les terminaisons du futur ressemblent au verbe *avoir* au présent.

d. Il n'y a pas de verbes irréguliers au futur.

2.

Avec mon voisin, on écrit notre programme du week-end.

Vendredi soir : j'irai au cinéma avec mes amis.
Samedi matin : …

…

3.

Je pose des questions à mon voisin sur ses projets avec ses amis, sa famille, ses voisins…

Est-ce que tu iras *à la montagne avec tes parents cette année ?*

Les expressions temporelles du futur

– *Tu viens ?*
– *Pas maintenant, je travaille.* Tout à l'heure.
– *Mais quand ?*
– *J'arriverai* plus tard.

On peut situer une action dans le futur avec des expressions.

• **Avenir proche :**
dans un moment / tout à l'heure / dans quelques minutes / dans quelques heures / bientôt…

• **Avenir plus lointain :**
plus tard / dans quelques jours / dans quelques années / mardi prochain / la semaine prochaine…

4. **> Piste 3**

J'écoute et je note les phrases qui parlent de l'avenir.

5.

Je suis journaliste. Je pose des questions à une personne célèbre de mon pays sur ses projets.
Bonjour, quels sont vos projets pour l'année prochaine ?

6.

Bientôt ou dans quelques années ?

La cause et la conséquence

Les travaux sont arrêtés à cause de *la pluie.*
Donc *l'association n'organise plus la réunion.*

La **cause** donne une **explication**.
La **conséquence** indique un **résultat**.

Pour exprimer la **cause**, on utilise :
• *parce que* + verbe conjugué pour répondre à la question « *pourquoi ?* ».
– *Nous voulons discuter du projet.*
– <u>*Pourquoi ?*</u>
– *Parce qu'il ne nous plaît pas.*

• *à cause de* + nom / pronom pour exprimer une idée négative.
Je suis en retard à cause de *toi.*

Voisins, voisines

1 Rendez-vous

jour 4

Pour exprimer la **conséquence**, on utilise :
• *donc / c'est pour cela que / c'est pour ça que.*
J'aime beaucoup la nature, donc je vais souvent me promener dans les parcs.
Ils sont contre le nouveau projet. C'est pour ça qu'ils se réunissent.

7.

J'écris une phrase avec *parce que, c'est pour ça que, donc…*

Je n'ai pas envie de sortir. Je ne vais pas au parc.
→ *Je n'ai pas envie de sortir, donc je ne vais pas au parc.*

a. Pierre et Marcello l'ont aidé.
Il a réussi son examen.   → … .

b. Aurélie a refusé d'aller à la réunion.
Ils sont restés à la maison.   → … .

c. Elle ne voulait pas prendre le bus.
Elle a acheté une voiture.   → … .

d. Nous partons samedi matin.
Nous travaillons vendredi soir.   → … .

e. Olivier est tombé malade hier.
Il a fait très froid.   → … .

f. Vous avez raté votre train.
Vous n'êtes pas venu à la montagne.   → … .

8.

J'écris des phrases sur mon quartier et mes loisirs avec *parce que* et *à cause de*.

Je n'aime pas ce quartier parce qu'il n'y a pas de parc.

9.

Je pose des questions à mon voisin. Il utilise les mots de l'encadré pour me répondre.

– *Tu as des activités sportives ?*
– *Oui, je vais souvent au club de sport parce qu'il y a des cours de basket. C'est pour ça que je joue bien au basket.*

Phonétique

Les voyelles [ɛ̃], [ɑ̃], [ɔ̃]

Pour écrire les voyelles [ɛ̃], [ɑ̃], [ɔ̃], j'utilise plusieurs lettres.
• [ɛ̃] → in, im, ain, ein
   cinq – simple – main – plein
   → -ien, -éen, -yen (à la fin du mot)
   musicien – européen – citoyen
• [ɑ̃] → an, am, en, em
   français – chambre – encore – semble
• [ɔ̃] → on, om
   onze – nombre – prénom

---

1. **> Piste 4** • 🅓 DVD *piste 36*

J'écoute et je complète les mots avec « en » ou « an » si j'entends [ɑ̃] et « in » si j'entends [ɛ̃].

a. …f…   **c.** …st…ct
   …f…t   …st…t
b. c…q c…ts   **d.** … direct
   c…t c…q   …direct

2. 🎧 **> Piste 5** • 🅓 DVD *piste 37*

J'écoute et je complète les mots avec « en » ou « an » si j'entends [ɑ̃] et « on » si j'entends [ɔ̃].

a. m…t…t   **c.** je p…ce
   m…t…   je p…se
b. il est bl…d   **d.** un b…
   il est bl…c   un b…c

3. 🎧 **> Piste 6** • 🅓 DVD *piste 38*

J'écoute et je répète les dialogues avec mon voisin.

a. – Qu'est-ce que tu fais le dim**an**che **en** général ?
   – Le mat**in**, je fais une gr**an**de promenade avec m**on** chi**en** d**an**s **un** jard**in** de m**on** quartier. Et toi ?
   – Tous les dim**an**ches, vers **on**ze heures du mat**in**, je joue au ball**on** d**an**s le jard**in** avec mes **en**fants ! **En**suite, j'**in**vite souv**en**t mes vois**in**s et **on** pr**en**d l'apéro **en**sem**b**le. Le soir, j'appr**en**ds l'**an**glais p**en**d**an**t quar**an**te-c**in**q minutes sur **In**ternet.
   – Moi, le soir, je ne fais ri**en**, absolum**en**t ri**en** !

b. – Où vas-tu pour les prochaines vac**an**ces ?
   – Je ne sais pas, **en** Irl**an**de ou **en An**gleterre.
   – Tu pars lo**in** ! Moi, je vais s**im**plem**en**t **en** Auvergne faire de la r**an**donnée d**an**s les volc**an**s.
   – Ti**en**s, justem**en**t, j'ai **un on**cle et une t**an**te qui vivent à Clerm**on**t-Ferr**an**d, **en** Auvergne. Je connais bi**en** la régi**on**, c'est spl**en**dide !

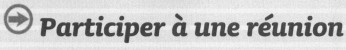 Participer à une réunion

1 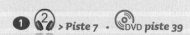 **> Piste 7** • DVD *piste 39*

Olga m'a laissé un message hier. Je l'écoute et je note :

a. les choses à apporter ;
b. le thème de la discussion ;
c. l'heure et le lieu du rendez-vous.

2

À la réunion, on parle du quartier et de nos activités préférées. On joue la scène en petits groupes.

3

On choisit un domaine d'activités et on explique notre choix (but, cause et conséquence).

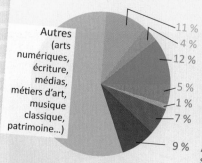

RÉPARTITION DES ASSOCIATIONS CULTURELLES SELON LES DOMAINES D'ACTIVITÉS

Une association est un groupe d'au moins deux personnes qui décident de pratiquer une activité en commun et qui créent une structure officielle avec un nom, des responsables, des règles...

En France, il y a un million d'associations et plus de 13 millions de membres qui passent chaque jour du temps pour animer les associations.

Autres (arts numériques, écriture, médias, métiers d'art, musique classique, patrimoine...)

11 % Théâtre
4 % Danse
12 % Musiques actuelles et traditionnelles
5 % Arts plastiques
1 % Photographie
7 % Vidéo, Cinéma, Livre et BD
9 % Activités socioculturelles

➡ *Adhérer à une association*

L'ASSOCIATION ASPOR

Inscrivez-vous pour pratiquer
une ou plusieurs activités physiques.

Chaque membre peut participer
à des activités, seul ou en groupe.

LES ACTIVITÉS PROPOSÉES

BASKET : le mardi de 18 h 00 à 20 h 00
au gymnase Jean-Jaurès.

HIP-HOP : le vendredi de 19 h 30 à 21 h 30
au local associatif.

BADMINTON : le mercredi de 15 h 30 à 17 h 30
au gymnase Jean-Jaurès.

MUSCULATION / FITNESS : le lundi, le mardi
et le jeudi de 19 h 00 à 20 h 00
au lycée Alphonse Daudet.

NOS PROJETS POUR L'ANNÉE PROCHAINE

- Proposer plus de sports.
- Organiser des cours de cuisine
  et des rencontres sur l'alimentation
  avec des professionnels.
- Faire de la publicité et développer
  la communication avec des spectacles sportifs.
- Organiser des compétitions
  dans le quartier et dans la ville.
- Proposer des activités à la montagne et à la mer.

4

**Après la réunion, on rencontre Marie. Je lis
le prospectus de l'association « ASPOR »
et on parle d'un des projets. En petits groupes,
on propose un événement possible.**

5 ✏

**Je décide de devenir membre de l'association.
Je remplis le formulaire.**

Formulaire d'inscription à l'association ASPOR

Prénom et nom : ....
Adresse : ....
Courriel : ....
Date et lieu de naissance : ....
Profession (ou activité) : ....
Sports pratiqués : ....
Autres loisirs : ....
Temps disponible pour l'association : ....
Dans quels domaines pouvez-vous participer
à la vie de l'association ? : ....

Documents pour l'inscription :
deux photos / 70 euros (pour un an).

*Je déclare souhaiter devenir membre de l'association
« ASPOR ».*

Date :   Signature :

Organiser un événement

Étape 1 : En petits groupes, on choisit un domaine d'activités et on trouve
un nom pour notre association.

Étape 2 : On choisit un événement à organiser et un lieu. On crée
un prospectus pour notre événement avec les informations
pratiques et l'objectif.

Étape 3 : On explique notre projet à la classe et on propose l'événement.
On répond aux questions.

Étape 4 : Dans la classe, chaque groupe choisit son association et son
événement préféré. On fait un classement.

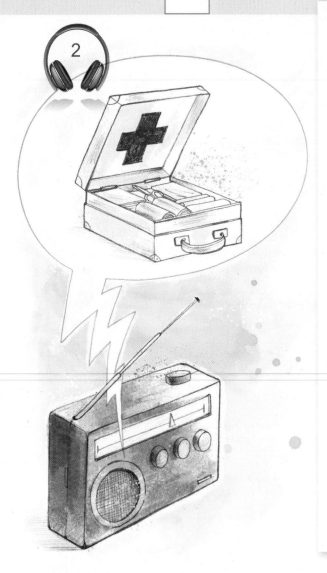

Andrée Naline
4, rue du Vieux-Port
13000 MARSEILLE

Santé-Sport
11, Cours de l'Intendance
33000 Bordeaux

Marseille, le 8 mai…

Madame, Monsieur,

Je voudrais vous exprimer ma colère. Eh bien oui, je ne suis pas contente, mais pas contente du tout ! Je suis en colère parce que j'en ai assez de votre produit ! J'ai vu votre publicité à la télévision et, il y a deux mois, je suis allée dans un grand magasin pour acheter votre ceinture « Ventre plat ».
J'ai porté cette ceinture tous les jours, deux fois par jour.
Au début, j'étais heureuse de mon achat. Mais très vite, j'ai été déçue. Aujourd'hui, j'ai horreur de cette ceinture !
Vous expliquez qu'elle fait le ventre plat, mais c'est faux ! Vous dites que les résultats sont toujours positifs, mais mon ventre est resté le même !
En plus, j'ai eu des problèmes médicaux tout le temps : j'ai eu mal au dos et à la tête après chaque utilisation.
Une fois, j'ai même eu de la fièvre et des difficultés pour guérir…
Et ce n'est pas fini ! La ceinture est souvent tombée en panne : une fois sur deux. Ce n'est vraiment pas de la bonne qualité !
Je vous la retourne après deux mois d'utilisation et je vous demande de me rembourser.

Cordialement,

Andrée Naline

EXPRIMER DES SENTIMENTS

1

Je lis la lettre et je dis comment se sent Andrée Naline.

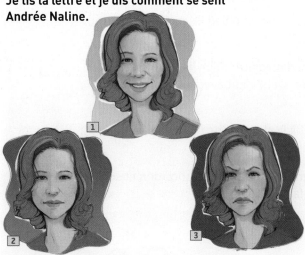

2 ✏

Je lis encore la lettre et j'écris les expressions qui expriment des sentiments.

3 🎧 **> Piste 8** · 💿DVD **piste 40**

J'écoute le document et j'associe les personnes aux sentiments.

a. Personne 1   1.

b. Personne 2   2.

c. Personne 3   3.

Un accident

2 | Rendez-vous

4

J'écris un courrier à un ami pour exprimer mes sentiments (joie, tristesse, surprise ou déception).

> **Pour exprimer des sentiments**
>
> • **La joie ou la tristesse**
>
> – Ça va ?
> – Oui, très bien, je suis heureux car je pars en vacances.
> Tu as l'air triste… Tu as des problèmes ?
>
> • **La colère**
>
> Ça va pas, non ?
> Vous n'avez pas regardé ? C'est pas possible ça !
>
> • **La surprise**
>
> Pardon ? Comment ? Il a fait quoi ? Pas possible…
> C'est pas vrai !
>
> • **La déception**
>
> Il a perdu, quel dommage ! Je suis déçu (pour lui).

DÉCRIRE UN ÉTAT PHYSIQUE

5

Je lis encore la lettre et j'écris les problèmes de santé d'Andrée Naline.

6

J'écris ce qui s'est passé pour chaque dessin.

> **Pour décrire un état physique**
> Arthur Tabobo s'est fait mal.

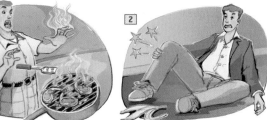

> Julien Bébat s'est cassé le bras.
> Il a le bras cassé.

> René Sapeur s'est brûlé la main.
> Il a la main brûlée.
> une brûlure

> Tom Toucasset s'est blessé à la jambe.
> Il a la jambe blessée.
> une blessure

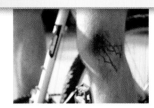

> Greg Lamin s'est coupé le doigt.
> Il a le doigt coupé.

7

Qu'est-ce que j'ai ?

EXPRIMER LA FRÉQUENCE

8

Je lis encore la lettre et j'associe les éléments.

a. Andrée Naline a porté la ceinture…
b. Elle a eu des problèmes médicaux…
c. Elle a eu de la fièvre…
d. La ceinture est tombée en panne…

1. une fois.
2. une fois sur deux.
3. tous les jours.
4. deux fois par jour.
5. souvent.
6. tout le temps.

9

Avec mon voisin, on décrit une situation pour chaque expression.

a. Tous les mois.
b. Une fois par semaine.
c. Tout le temps.
d. Souvent.
e. Une fois sur deux.

Grammaire

L'accord des adjectifs

Elle est vraiment déçue.

• En général, **féminin** = masculin + « e ».
Martin est content et Martine est contente.

Attention !

Masculin		Féminin			
– « -er »	→	« -ère »	premier	→	première
– « -eux »	→	« -euse »	heureux	→	heureuse
– « -et »	→	« -ète »	discret	→	discrète
– « -f »	→	« -ve »	neuf	→	neuve

• En général, **pluriel** = singulier + « -s » ou « -x ».
Les adjectifs terminés par « -x » au singulier ne changent pas au pluriel.
Ce sont des gens heureux : ils ont gagné une trousse de secours avec beaucoup de choses utiles.

Attention !

« -al » → « -aux »   médical → médicaux

La place et la forme des adjectifs

Elle a fait un bon choix pour son nouvel achat !

• Les adjectifs courts (*beau, joli, jeune, grand, gros, bon…*) se placent **avant le nom**.
Il a un gros rhume.

• Les adjectifs de couleur, de nationalité et ceux qui indiquent une forme se placent **après le nom**.
J'ai un nez rouge. / J'ai le ventre plat.

• La forme peut **changer**.
« Nouveau » ou « beau » + un nom qui commence par une voyelle ou « h- » → nouvel, bel.
C'est un bel appartement !
C'est ton nouvel habit ?

1. **> Piste 9**

J'écoute les dialogues, je note et je classe les adjectifs (masculin / féminin).

2.

Je mets les mots dans l'ordre.

a. une / Robert / neuve / a / belle / voiture
b. heureux / Vincent / de / son / achat / est / nouvel
c. des / Le docteur Forme / revues / lit / médicales.
d. fièvre / une / bon / Eugénie / a / et / grosse / un / sirop

Le passé composé

Je suis tombée par terre, mais je n'ai pas eu mal.

• **La formation**
« Avoir » ou « être » au présent + participe passé.
Elle a toussé toute la nuit.
Je suis allé chez le médecin.

Attention !
On utilise « être » avec les verbes pronominaux.
Se soigner → Il s'est bien soigné.

• **L'accord**
– Avec « être », on accorde le participe passé avec le **sujet**.
Elle est allée chez le médecin.
– Avec « avoir », on n'accorde pas le participe passé avec le sujet.
Elle a trouvé la crème pour les mains hier.

• **La négation**
Ne + être / avoir + pas, jamais… + participe passé.
Je ne suis jamais allé à l'hôpital.
Je n'ai pas pris de sirop.

3.

Je lis le dialogue et je complète le tableau.

– Tu as bien dormi ?
– Non, j'ai eu mal à la jambe toute la nuit parce que je me suis fait mal hier soir.
– Ah bon ? Comment tu as fait ?
– J'ai couru pour avoir mon bus et je suis tombée.
– Tu n'es pas allée chez le médecin ?
– Si, mais j'ai oublié la crème au bureau.

a. Participes passés	b. Être ou avoir ?	c. Verbes à l'infinitif
…	…	…

Un accident

2 | Rendez-vous

jour 4

4. ✏️

Je complète avec *avoir* ou *être* au présent.

M. Pirouette ● construit une maison en carton et il ● fait des escaliers en papier. Tout le monde ● aimé la maison. Mais personne n'● rentré dans la maison. Un voisin ● tombé dans les escaliers et il s'● cassé le nez. On l'● soigné, mais il n'y ● jamais retourné.

5. 💬

Je raconte l'histoire de M. Gélenécassé.

Hier…

6. 💬

Je complète le texte et je réponds aux questions.

a. En 2010, 59 % des Français ont regard… les conseils de santé sur Internet.
   Et vous ?

b. En 2010, 25 % des Français ne se sont pas soign… .
   Et vous ?

c. Santé morale : 58 % des Français ont aim… l'année 2010.
   Et vous ?

Phonétique

La dénasalisation des voyelles [ɛ̃], [ɑ̃], [ɔ̃]

Les graphies « in »…, « an »…, « on »… (voir page 65) ne se prononcent pas toujours comme des voyelles nasales.

• « in »…, « an »…, « on »…
à la fin d'un mot ou + **consonne**
= voyelle nasale.
prochain [pʀɔʃɛ̃] – *manger* [mɑ̃ʒe] – *bon* [bɔ̃]

• « in »…, « an »…, « on »…
+ **voyelle** ou + « **n** »
= voyelle orale + [n] prononcé.
prochaine [pʀɔʃɛn] – *banane* [banan] – *bonne* [bɔn]

Attention !
• À la fin d'un mot, « -ent » peut se prononcer [ɑ̃].
souvent [suvɑ̃] – *le présent* [pʀesɑ̃]
• À la 3ᵉ personne du pluriel du présent de l'indicatif, « -ent » ne se prononce pas.
ils parlent [paʀl] – *elles sortent* [sɔʀt]

1. 🎧 **> Piste 10** • 💿 DVD *piste 41*

J'écoute les mots et je souligne quand j'entends une voyelle nasale.

a. Mart**in** – br**un**e – jap**on**ais – **in**térêt – pl**ein**
b. Jap**on** – vac**an**ces – itali**enn**e – magaz**in**e
c. jard**in** – c**on**tente – **in**utile – dess**in** – pl**ein**e
d. Mart**in**e – accid**ent** – v**en**dre – c**on**naître – b**on**jour
e. **an**née – itali**en** – dess**in**er – magas**in** – cont**in**uer

2. 🎧 **> Piste 11** • 💿 DVD *piste 42*

J'écoute et je répète les phrases.

*Juli**en*** → *voyelle nasale.*
*Fabi**enne*** → *voyelle orale + [n].*

a. Juli**en** habite **en** Fr**an**ce et sa cous**in**e habite au C**an**ada.
b. J**ean**, le vois**in** de J**eann**e, porte souv**en**t cette c**ein**ture.
c. Al**in**e a tout le t**em**ps mal au v**en**tre.

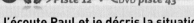

➡ **Avoir un accident**

❶ 🎧 **> Piste 12** • 📀DVD *piste 43*

J'écoute Paul et je décris la situation.

a. On était…

   1. à pied.

   2. à vélo.

   3. en voiture.

b. Paul est…

   1. 😝

   2. 🙂

   3. 😠

c. J'ai mal…

   1. à la tête.

   2. à la jambe.

   3. au bras.

❷ 💬

J'appelle le docteur Pierre Olivet. Je lui raconte mon accident et je décris mon état physique. Je joue la scène avec mon voisin.

Un accident

 ## Aller chez le docteur

• **La carte Vitale**, qu'est-ce que c'est ?
La sécurité sociale (assurance-maladie) donne
à chaque personne une carte Vitale pour le
remboursement des soins. Sur chaque carte,
il y a un numéro qui correspond à l'identité
de la personne.

• En France, tout le monde a un numéro
de sécurité sociale. Et chez vous ?

Comment est composé un numéro de sécurité sociale

Année de naissance   *Département de naissance ou 99 si né à l'étranger*   *N° d'ordre INSEE*

1 7 7 0 2 3 5 2 3 8 0 0 5 2 2

1 : homme
2 : femme   *Mois de naissance*   *Commune ou pays de naissance*   *clé*

 3

Je trouve une carte Vitale dans la salle
d'attente. J'observe le numéro de sécurité
sociale et j'imagine qui est la personne.

NATHALIE DURAND
2 88 11 99 126 047 35

---

4 ✏

J'écris les sept premiers chiffres de ma carte
Vitale.

 5 💬

Pierre Olivet me donne une ordonnance.
Je la lis avec lui pour être sûr d'avoir bien
compris. Je joue la scène avec mon voisin.

Docteur Pierre Olivet
N° identification 83 1 034434 3 0 1 23 0
Consultations tous les jours
10 h – 12 h 30
14 h – 19 h 30

1) Crème Arnica montana
   2 fois/j. matin et soir
2) Essence de romarin
   2 c. à soupe dans bain chaud
3) Kalium carbonicum
   3 comprimés/j. a 5 jours
4) Aspirine 1 comprimé matin et soir a 2 jours

        Pierre Olivet

Créer un carnet de secours

Étape 1 : En petits groupes, on fait la liste des accidents quotidiens.

Étape 2 : On écrit la partie du corps en face de chaque accident.

Étape 3 : On discute des différents moyens pour soigner ces accidents.

Étape 4 : Ensemble, on écrit un carnet avec des solutions pour soigner
chaque accident.

Culture Vidéo

1 Regardez.

Dans la rue des Martyrs ?
Répondez aux questions.

a. Quels commerces trouve-t-on dans la rue des Martyrs ?

b. Que peut-on faire dans cette rue ?

2 Écoutez.

Qu'est-ce qu'un bobo ?
Choisissez la bonne réponse.

Un bobo, c'est :

a. un boulanger bohème.

b. un bon bourgeois.

c. un bourgeois-bohème.

d. un beau boucher.

3 Écoutez et regardez.

Où sont les bobos ?
Complétez le texte avec les mots proposés.

| arrondissement | la rue | les quartiers | la colline | la capitale |

Les bobos ou bourgeois-bohèmes, une population qui investit ... historiques de .... Comme ici, dans le 9ᵉ ..., tout en bas de ... de Montmartre, un nouveau quartier bobo dont ... des Martyrs est l'artère principale.

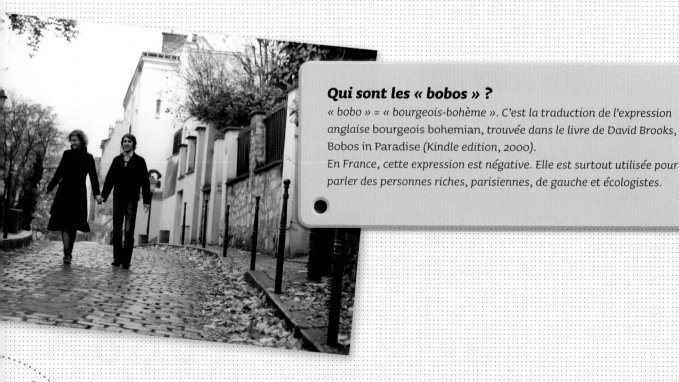

Qui sont les « bobos » ?

« bobo » = « bourgeois-bohème ». C'est la traduction de l'expression anglaise *bourgeois bohemian*, trouvée dans le livre de David Brooks, Bobos in Paradise *(Kindle edition, 2000).*

En France, cette expression est négative. Elle est surtout utilisée pour parler des personnes riches, parisiennes, de gauche et écologistes.

LA RUE DES « BOBOS »

La rue des Martyrs

Située dans le 9ᵉ arrondissement, la rue des Martyrs est vivante et très animée. Les commerces de produits alimentaires sont très nombreux. On trouve beaucoup de petits commerces, une salle de spectacle et des cafés. Au nº 49, au fond du jardin, il y a l'ancien atelier du peintre Géricault (né en 1791 à Rouen et mort en 1824 à Paris).

4 Regardez et écoutez.

Qui sont-ils ? Que font-ils ?

À partir des éléments donnés, rédigez un texte pour présenter chaque personne interviewée.

a. Les noms : Liliane
Brigitte Clément
Thierry Cazaux

b. Les identités : commerçante de la rue des Martyrs
habitante du quartier
auteur d'un livre sur le 9ᵉ arrondissement

c. Les actions : parler de la situation de la rue des Martyrs
répondre à une interview
faire découvrir son jardin

5 Écoutez.

Comment est la rue des Martyrs ?

Retrouvez les phrases de Brigitte Clément.

Avant	Maintenant
a. La rue était plus bohème que bourgeoise.	c. La rue est plus bohème que bourgeoise.
ou	*ou*
b. La rue était plus bourgeoise que bohème.	d. La rue est plus bourgeoise que bohème.

6 Exprimez-vous.

Tribus modernes ?

« Bobos », « papy boomers », « adulescents », « célibattantes »…
Ces nouvelles *tribus* sont présentes dans les villes françaises aujourd'hui.
Quels groupes sociaux sont présents dans votre pays ?

Rendez-vous 1

à découvrir
- Décrire le caractère d'une personne
- Demander et reprendre la parole

à savoir, à prononcer
- Le comparatif
- Le discours rapporté au présent
- La prononciation de *plus*
- Rythme et mélodie du discours rapporté

à faire
Participer à un forum pour l'emploi

Rendez-vous 2

à découvrir
- Exprimer l'enthousiasme
- Exprimer l'accord et le désaccord

à savoir, à prononcer
- L'expression de la quantité
- Le superlatif
- L'intonation expressive (enthousiasme et manque d'enthousiasme)

à faire
Faire des propositions pour améliorer l'environnement

Culture Vidéo

L'écologie

08:00

À la conférence
Rendez-vous 1

09:00

10:00

11:00

12

14:00

15:00

COTONOU

16:00

Rendez-vous 2

17:00 **Parc naturel**

18:00

19:00

20:00

21:00

22:00

23:00

Votre future profession ?

1. Travail
- **A.** ☐ Vous aimez le contact avec les clients.
- **B.** ☐ Vous savez réparer le matériel technique.
- **C.** ☐ Vous avez besoin de silence pour réfléchir.
- **D.** ☐ Vous prenez souvent la parole devant un groupe.

2. Amis
- **A.** ☐ Vous parlez très facilement aux gens.
- **B.** ☐ Vous êtes toujours disponible pour aider.
- **C.** ☐ Vous aimez mieux avoir un petit groupe d'amis.
- **D.** ☐ C'est vous qui décidez des activités à faire.

3. Maison
- **A.** ☐ Vous invitez beaucoup d'amis.
- **B.** ☐ Vous changez souvent la décoration.
- **C.** ☐ Vous êtes plus souvent seul qu'avec des amis.
- **D.** ☐ La famille respecte vos règles.

4. Vacances
- **A.** ☐ Vous allez dans un club de vacances.
- **B.** ☐ Vous partez faire du camping à la montagne.
- **C.** ☐ Vous louez une grande maison de campagne.
- **D.** ☐ Vous prenez votre ordinateur pour travailler.

5. Musique et informations
- **A.** ☐ Vous écoutez NRJ, la radio des jeunes.
- **B.** ☐ Vous écoutez RTL, la radio de la vie pratique.
- **C.** ☐ Vous écoutez France Culture, la radio des débats.
- **D.** ☐ Vous écoutez France Info, la radio de l'information.

6. Voyages
- **A.** ☐ Vous allez à Ibiza pour danser toute la nuit.
- **B.** ☐ Vous visitez Le Caire et ses pyramides.
- **C.** ☐ Vous visitez les musées de New York.
- **D.** ☐ Vous partez trois jours en bateau avec vos collègues.

Réponses
Vous avez plus de A :
Vous êtes fait pour travailler dans les secteurs du commerce, du tourisme et des relations publiques. Vous êtes sociable et vous aimez être en groupe.
Vous avez plus de B :
Vous êtes actif et précis, choisir une profession manuelle, c'est mieux !
Vous avez plus de C :
Vous êtes indépendant et calme, une profession intellectuelle est parfaite pour votre caractère. Vous êtes moins heureux dans un groupe que seul.
Vous avez plus de D :
Vous avez un caractère de chef, direct et autoritaire ! C'est plus facile pour vous de donner des instructions que d'accepter les ordres.

DÉCRIRE LE CARACTÈRE D'UNE PERSONNE

1

Je fais le test. Avec mon voisin, on échange nos réponses.

2

Avec mon voisin, on associe les professions de la liste aux réponses du test et on complète avec d'autres professions.

- **a.** Boucher
- **b.** Boulanger
- **c.** Directeur
- **d.** Mécanicien
- **e.** Médecin
- **f.** Patron
- **g.** Plombier
- **h.** Secrétaire

1. Réponse A
2. Réponse B
3. Réponse C
4. Réponse D

3  **> Piste 29** • DVD *piste 44*

J'écoute le dialogue. Je réponds ou je complète.

- **a.** Où se passe la scène ?
- **b.** Quels étaient les métiers de M. Palmier ?
- **c.** M. Palmier a eu plus de réponses A, B, C ou D au test ?
- **d.** Le test dit que M. Palmier est ... .
- **e.** Melle Durand dit que M. Palmier a ... .

> **Pour parler du caractère d'une personne**
>
> • *Elle est joyeuse, drôle et bavarde.*
> Au travail : *Elle est sociable et directe.*
>
> • *Il est sérieux, timide et calme.*
> Au travail : *Il est autoritaire et compétent.*

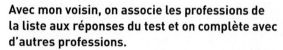

4

Avec mon voisin, je classe les adjectifs dans les colonnes « qualité » ☺ ou « défaut » ☹.
On compare avec les autres groupes de la classe.

bavard - autoritaire - timide - calme - sérieux - drôle - indépendant - sociable

a. Qualité ☺	b. Défaut ☹
...	...

5

En petits groupes, on propose trois professions pour M. Palmier.

6

Je complète la fiche d'information de mon voisin et je lui propose une profession.

Nom : ....

Prénom : ....

Nationalité : ....

Défauts (3) / Qualités (3) : ....

....

Profession possible : ....

....

DEMANDER ET REPRENDRE LA PAROLE

7 **> Piste 29** • **DVD piste 44**

J'écoute encore le dialogue et je note les expressions pour demander et reprendre la parole.

• Pour demander la parole

Pardon.
S'il vous plaît.
Écoutez-moi.
J'ai quelque chose à te / vous dire.
Je voudrais dire que… (euh… zut ! J'ai oublié !)

• Pour reprendre la parole

Attends. / Attendez.
Je n'ai pas fini.
Laissez-moi parler… (euh… voilà, je ne sais plus !)

8

J'annonce une information importante à Daniel, mais il ne fait pas attention. Je complète le « chat » pour demander ou reprendre la parole.

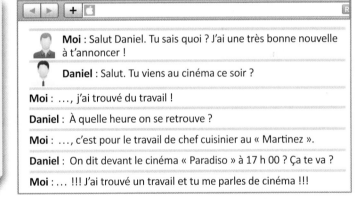

Moi : Salut Daniel. Tu sais quoi ? J'ai une très bonne nouvelle à t'annoncer !

Daniel : Salut. Tu viens au cinéma ce soir ?

Moi : …, j'ai trouvé du travail !

Daniel : À quelle heure on se retrouve ?

Moi : …, c'est pour le travail de chef cuisinier au « Martinez ».

Daniel : On dit devant le cinéma « Paradiso » à 17 h 00 ? Ça te va ?

Moi : … !!! J'ai trouvé un travail et tu me parles de cinéma !!!

9

En petits groupes, on choisit une situation et on joue la scène.

☒ à savoir
☒ à prononcer

Grammaire

Le comparatif

– *Ton chef* est plus <u>jeune</u> *que* mon directeur !
– *Oui, d'accord, mais il est* aussi <u>compétent</u> *que lui !*

Pour comparer, on utilise :

+	Adjectif	*plus +* <u>*calme*</u> *+ que*
	Nom	*plus de +* <u>*collègues*</u> *+ que* *plus d' +* <u>*amis*</u> *+ que*
	Verbe	<u>*parler*</u> *+ plus que*
–	Adjectif	*moins +* <u>*calme*</u> *+ que*
	Nom	*moins de +* <u>*collègues*</u> *+ que* *moins d' +* <u>*amis*</u> *+ que*
	Verbe	<u>*parler*</u> *+ moins que*
=	Adjectif	*aussi +* <u>*calme*</u> *+ que*
	Nom	*autant de +* <u>*collègues*</u> *+ que* *autant d' +* <u>*amis*</u> *+ que*
	Verbe	<u>*parler*</u> *+ autant que*

Attention !
• Pour faire une comparaison, on peut utiliser
les **pronoms toniques**.
Il est aussi courageux *que* <u>moi</u>.
• Bien → *mieux*. / Bon → *meilleur*.
Le travail, c'est <u>bien</u>*, mais les vacances c'est* mieux
(que le travail) ! / Ton projet est <u>bon</u>*, mais mon idée
est* meilleure *(que ton projet) !*

1.

Je lis les textos et je mets les phrases dans l'ordre.

> Il est que M. Tifon
> et que lui aussi sérieux
> il est plus calme.

a. Le nouveau directeur
est arrivé.

b. La nouvelle
machine à café
est arrivée.

> Elle est son café que
> l'ancienne machine
> meilleur mais est
> plus chère.

c. La nouvelle secrétaire
est arrivée.

> Elle travaille moins de caractère
> qu'elle mais autant elle a
> que Mlle Laflèche.

2. **> Piste 30**

J'écoute le dialogue et je note les six comparaisons.
Le quartier de mon nouveau bureau a moins de
restaurants que *l'ancien quartier.*

3.

**J'écris des phrases pour comparer les deux
personnes.**

1   **2**   **3**

4. 🌐

Plus ou moins ?

Le discours rapporté au présent

– *Vous êtes au téléphone avec qui ?*
– *Avec M. Leduc.* Il demande si *vous pouvez venir.*

• Pour écrire au **discours direct**, on utilise les « … »
(guillemets) ou les « – » (tirets).
Lucie dit : « Je travaille avec mon père. »
Manon demande : « Tu es secrétaire ? »
Lucie : – Je travaille avec mon père.
Manon : – Tu es secrétaire ?
• Pour rapporter les paroles de quelqu'un (**discours
rapporté**), on utilise :
– pour une **information** : *dire que…, penser que…*
Lucie dit qu'*elle travaille avec son père.*
Elle pense qu'*elle a beaucoup de chance.*
– pour une **question** : *demander si…, demander
ce que…, demander de…*
Manon demande si *Lucie est secrétaire.*
Elle lui demande ce qu'*elle fait dans son bureau.*
Elle lui demande de *raconter sa journée.*

Attention !
Si + il(s) = s'il(s) **mais** *si + elle(s) =* ne change pas.

5.

Je lis l'histoire et j'écris le texte des bulles.
a. Isabelle dit que sa nouvelle machine à café est là.
Yves pense qu'il n'a pas de chance et il dit qu'il est
fatigué aujourd'hui.

b. Isabelle demande à Yves s'il veut essayer sa nouvelle machine. Yves répond qu'il veut un café et il dit qu'elle est gentille.

c. Yves demande à Isabelle si elle a du lait. Isabelle pense qu'il n'est jamais content et elle répond qu'elle est désolée.

6.

Je lis le mot du directeur et j'écris un courriel à chaque collègue.

> Merci de donner ces informations à chaque employé.
> Mathieu > Contrat signé avec son client de Marseille ?
> Magali > Faire les photocopies du dossier pour M. Bino.
> Sylvie > Ma lettre de Singapour est arrivée ?
> Roberta > Réserver mon billet pour Bruxelles.

○ ○ ○   ✉

Bonjour Mathieu,
Le directeur demande si tu as signé le contrat avec ton client de Marseille.
Merci de ta réponse.

7.

Pendant une émission de radio. Le public pose des questions à un invité. Je rapporte les paroles à mon voisin et il répond aux questions. On joue la scène.

a. Mme Bonnat de Toulouse : Est-ce que vous êtes heureux dans votre travail ?

b. Tom Picard de Lille : Qu'est-ce que vous préférez faire le week-end ?

c. Mme Friquette de Bordeaux : Vous pourriez habiter dans une maison à la campagne ?

d. Nelly Soum de Nice : Qu'est-ce que vous avez aimé faire cette semaine ?

Phonétique

La prononciation de *plus*

- Quand on compare avec un **nom** ou un **verbe**, on prononce le « -s » final de « plus ».
Il y a plus de <u>clients</u>. On <u>travaille</u> plus qu'avant.
- Quand on compare avec un **adjectif** :
– le « -s » final de « plus » ne se prononce pas si l'adjectif commence par une **consonne**.
*Elle est plus **c**alme que lui.*
– le « -s » final de « plus » se prononce [z] si l'adjectif commence par une **voyelle**.
*Elle est plu**s** **a**gréable que lui.*

1. 🎧 **> Piste 31** · 💿 DVD **piste 45**

J'écoute et je note si j'entends [ply], [plys] ou [plyz].

Plus =	[ply]	[plys]	[plyz]
Il a plus de temps.	—	✓	—

2.

Je lis les phrases.

a. Ce deuxième projet est plu**s** **r**éaliste, plu**s** **s**érieux et plu**s** **c**orrect que le premier.

b. Ce travail est plus **u**tile, plus **im**portant et aussi beaucoup plus **u**rgent que celui d'hier.

c. Vous êtes plu**s** **s**ociable, plu**s** **c**alme, plu**s** **d**irect et plu**s** **c**ompétent que l'ancien directeur.

d. Il est plus **in**dépendant et plus **au**toritaire que notre ancien collègue.

Rythme et mélodie du discours rapporté

Dans le discours rapporté, la **voix descend** toujours (↘).

3. 🎧 **> Piste 32** · 💿 DVD **piste 46**

J'écoute et je répète les dialogues en respectant la mélodie (↗ ou ↘). Je joue les dialogues avec mon voisin.

a. parle à **b.** / **b.** ne comprend pas la question et demande à **a.** ce qu'il/elle dit.

1. a. Tu fais quoi ce soir ? (↗)
   b. Qu'est-ce que tu dis ? (↗)
   a. Je te demande ce que tu fais ce soir. (↘)

2. a. Tu viens au cinéma avec moi ? (↗)
   b. Qu'est-ce que tu dis ? (↗)
   a. Je te demande si tu viens avec moi. (↘)

➡ *Choisir une conférence*

SALON INTERNATIONAL DES PROFESSIONS
COTONOU

8 h 45 – 9 h 30
Arrivée des participants.

9 h 30 – 10 h
Discours d'ouverture par M. Emmanuel Bongo, président du Salon.

10 h 00 – 10 h 30
Conférence « Pour quel métier êtes-vous fait ? » par Mᵐᵉ Danielle Royer, professeure à l'Université Laval (Québec).

10 h 30 – 12 h 00

Atelier 1
Développer le contact avec les clients
M. Masson (Sénégal)

Atelier 2
Découvrir les métiers manuels
Mᵐᵉ Griot (Mali)

12 h 30 – 14 h 00

déjeuner

14 h 00 – 15 h 30

Atelier 3
Faire de la publicité
M. et Mᵐᵉ Zinsli (Suisse)

Atelier 4
Diriger une équipe
M. Clément (Côte d'Ivoire)

15 h 30 – 16 h 00

pause

16 h 00 – 17 h 30

Atelier 5
Motiver son équipe par le sport
M. Ortega (Maroc)

Atelier 6
Utiliser le logiciel « Admi-fi » (salaires)
M. Padonou (Togo)

❶ Marie doit écrire un article pour le magazine « Relations au travail ». Je lis le programme et je l'aide à choisir les conférences.

❷ Marie discute avec un journaliste. Elle me demande de remplir sa fiche d'inscription.

❸ Je complète ma fiche d'inscription. Je discute avec Marie de nos choix. Je joue la scène avec mon voisin.

FICHE D'INSCRIPTION

Nom – Prénom : ....

Pays : ....

ATELIERS CHOISIS :

10 h 30 – 12 h 00 : ....

14 h 00 – 15 h 30 : ....

16 h 00 – 17 h 30 : ....

À la conférence

1 Rendez-vous

jour 5

➡ *Intervenir en public*

4 (2) **> Piste 33** · DVD *piste 47*

J'écoute la conférence de Danielle Royer et j'écris les caractères qui correspondent à chaque profession.

a. Commerçant   **b.** Avocat   **c.** Directeur d'un hôtel   **d.** Footballeur

5

Je ne suis pas d'accord avec Danielle Royer. Je prends la parole. Je joue la scène avec mon voisin.

6

J'écris un texto à chaque ami pour leur rapporter les paroles de Danielle Royer.

Participer à un forum pour l'emploi

Étape 1 : On divise la classe en deux groupes.
Groupe A : les conseillers pour l'emploi.
Groupe B : les personnes à la recherche d'un emploi.

Étape 2 : Le groupe A remplit cinq fiches n° 1 et le groupe B remplit cinq fiches n° 2.
Fiche n° 1 : secteur d'activité / profession / caractère.
Fiche n° 2 : prénom / qualités / défauts / secteur d'activité préféré.

Étape 3 : Les étudiants du groupe A rencontrent les étudiants du groupe B et proposent un emploi.

Forum Nature

▶ Bonjour,
Je voudrais mettre des fleurs et des légumes dans mon jardin. Est-ce que je peux utiliser des produits chimiques ? C'est sain ou pas ? Quelqu'un peut me conseiller ?
Floriane

Bonjour Floriane,
Tout à fait ! Moi, je trouve que c'est bien et je ne suis pas d'accord avec les gens qui disent qu'il ne faut pas utiliser de produits chimiques. Avec ces produits, les légumes et les fleurs sont plus nombreux et plus beaux. En plus, tu as des produits pour chaque plante, c'est super !
Bon jardinage, Raymond.

Salut Floriane,
N'écoute pas Raymond. C'est faux quand il dit qu'utiliser des produits chimiques, c'est une bonne idée. Tu sais, quand tu vas manger tes légumes, tu vas manger aussi les produits chimiques !
C'est très mauvais pour la santé et pas écologique.
Salut, Luc.

Coucou Floriane,
Mais si, tu peux en utiliser ! Mais évite d'en mettre des kilos ou des boîtes entières. En fait, tu mets un peu de produit au début, et si ça ne pousse pas, tu ajoutes quelques grammes…
Bon courage, Valérie.

EXPRIMER L'ENTHOUSIASME

1 **> Piste 34 • DVD *piste 48***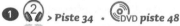

J'écoute le document et je choisis la bonne réponse.

a. Jean veut acheter des fleurs pour :
   1. l'anniversaire de sa femme.
   2. un concours de décoration.
   3. la fête des Mères.

b. Les deux amis parlent de :
   1. voyage.
   2. jardinage.
   3. maisons.

c. Chris aime faire pousser les fleurs :
   1. sans produits chimiques.
   2. avec des produits chimiques.
   3. avec très peu de produits chimiques.

2 **> Piste 34 • DVD *piste 48***

J'écoute encore le document.

a) J'observe les trois dessins et j'associe une phrase à chaque situation.

a. C'est super ça !
b. Très bonne idée !
c. Oui, je trouve ça génial !

J'achète des fleurs pour le concours des maisons fleuries.

Ça te plaît ?

b) Je réponds.

Les personnes sont :

a. tristes.

b. en colère.

c. enthousiastes.

Je joue les scènes avec mon voisin.

a. Mon voisin m'offre un chat.

b. J'ai gagné un abonnement d'un an à un magazine de jardinage.

c. Ma chienne vient d'avoir des petits.

d. Mon voisin m'invite au zoo.

> **Pour exprimer l'enthousiasme**
>
> C'est très bien ! / C'est génial ! / C'est super ! /
> C'est extra ! / C'est parfait !
> C'est une très bonne idée !
> Ça me plaît beaucoup !
> J'adore… !
> J'aime beaucoup… !

Je raconte à un ami mon plus beau cadeau.

EXPRIMER L'ACCORD ET LE DÉSACCORD

Je lis la page du Forum Nature et j'écris les expressions de l'accord et du désaccord.

a. D'accord	**b.** Pas d'accord
…	…

Je réponds à Floriane.

> **• Pour exprimer son accord**
>
> OK ! / D'accord !
> Tout à fait. / Bien sûr !
> Je suis (complètement) d'accord.
> Tu as raison.
>
> **• Pour exprimer son désaccord**
>
> Je trouve que ces produits ne sont pas bons pour la nature.
> C'est (totalement) faux. / C'est inexact.
> Ce n'est pas vrai.
> Si, c'est intelligent.
> Mais si !

Deux personnes sont d'accord avec Raymond, deux autres avec Luc. Je joue la scène avec mes voisins.

Je dis si je suis d'accord ou pas d'accord avec les affirmations. Je propose d'autres affirmations à mon voisin.

a. On trouve des éléphants en Inde.

b. Le fruit du châtaigner est la pomme.

c. La tulipe noire est une fleur très rare.

d. Le zèbre ressemble à un petit cheval.

e. On utilise des sapins à Noël.

> **• La flore**
>
> une plante, une fleur, un arbre
> un sapin, un chêne, un châtaignier

> **• La faune**
>
> un animal domestique ≠ un animal sauvage
> un éléphant, un zèbre, un lion, un singe
> un cheval, un cochon, une vache
> une mouche, un moustique, une abeille

Qui suis-je ?

2 ☒ à savoir
☒ à prononcer

Grammaire

L'expression de la quantité

– Tu as *assez de* bananes pour les singes ?
– Oui, ça va. Mon sac est *plein*.
– Il y a *encore* des carottes pour les éléphants ?
– Oui, il *en* reste.

Pour **exprimer la quantité**, on utilise :
• des mesures → mètre (m), centimètre (cm), kilomètre (km) / gramme (g), kilogramme (kg) / litre (l).
Le parc est à 30 kilomètres.
Un kilo de pommes, s'il vous plaît.
• des adjectifs → plein, vide, complet, entier.
Quand il fait très beau, les parcs sont pleins et les bibliothèques sont vides.
• des adverbes → presque, encore, un peu de, assez de, beaucoup de, plus de, moins de, trop de.
Il y a moins d'abeilles qu'avant.
• le pronom « en ».
Des fleurs ? Mais si, il y en a sur la table !

Pour **modifier la quantité** :
« on ajoute » ou « on enlève ». À la fin, « il reste »...
S'il y a trop de produit, tu enlèves une cuillère. S'il n'y en a pas assez, tu ajoutes une cuillère. Tu verras bien ce qu'il reste dans la boîte.

1. **> Piste 35**

J'écoute les trois dialogues et je note les adjectifs de quantité.

2.

Je dis le contraire.

3.

Je lis les articles et je choisis la bonne réponse.

a.
Pour faire du pain perdu, il faut : ½ l de lait, 2 ou 3 œufs, 2 cuillères de sucre vanillé, 50 g de sucre en poudre.

Pain perdu :
1. Il faut un quart de litre de lait.
2. Il faut un demi-litre de lait.

b.
Concert de Johnny complet : le stade de France est déjà plein.

Concert de Johnny :
1. Il n'y a plus de place.
2. Il reste des places.

c.
Protégeons la nature : moins de produits dangereux à partir de janvier !

Nature :
1. On enlève des produits dangereux.
2. On ajoute des produits dangereux.

d.
Les hôtels : pas assez de touristes sur les plages cet été.

Hôtels :
1. Il y a trop de touristes.
2. Les touristes ne sont pas nombreux.

4.

J'observe la classe et je propose une situation avec chaque adverbe.

Moins → *Cette année, il y a moins de garçons dans la classe.*

a. plus   **d.** assez
b. beaucoup   **e.** presque
c. trop   **f.** encore

Parc naturel

2 Rendez-vous

jour 5

Le superlatif

C'est en Afrique qu'on trouve le plus d'animaux sauvages.

Pour **comparer** quelque chose ou quelqu'un avec un ensemble, on utilise :
• « le / la / les plus », « le / la / les moins » + adjectif ou adverbe.
Le chien est l'animal le plus fidèle.
La ville la moins loin est à 10 km.
• « le plus de », « le moins de » + nom.
C'est dans cette région qu'il y a le plus de soleil.
Et pour toi, quel est le plus beau des animaux ?

Attention !
Bien → le mieux. / Bon → le meilleur.
Le mieux est de ne pas utiliser de produits chimiques.
Les meilleurs fruits poussent au soleil.

5.

J'écris une situation pour chaque mot.
J'utilise des superlatifs.
Footballeur
→ *Zinédine Zidane était le meilleur footballeur français dans les années 2000.*
a. animal   **b.** pays   **c.** voyage   **d.** fleur

6.

Je trouve « le plus » et « le moins »
pour chaque animal.
La souris est l'animal le plus petit.
Le chat est l'animal qui dort le plus.

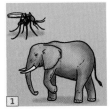

7.

Je parle de mon pays. J'écris trois phrases avec
« le plus » et trois phrases avec « le moins ».
En France, la plus haute montagne est le Mont-Blanc.

8.

Qui fait le mieux ? le plus ?

Phonétique

L'intonation expressive (enthousiasme et manque d'enthousiasme)

• Pour exprimer l'**enthousiasme**, on place en général un **accent** sur la première syllabe de l'adverbe ou de l'adjectif.
Bonne idée ! Très bonne idée !
Super ! / J'aime beaucoup !

Attention !
J'adore... → accent sur la deuxième syllabe.

• On place aussi un **accent** pour exprimer le **manque d'enthousiasme**.
C'est nul ! / Je déteste !
Je ne suis pas du tout d'accord !

Attention !
...encore ! → accent sur la deuxième syllabe.

1. > Piste 36 • DVD piste 49

J'écoute les phrases et je note le sentiment exprimé.

	☺	☹
C'est vraiment super !	✓	—

2. > Piste 37 • DVD piste 50

J'écoute et je joue les dialogues avec mon voisin.
Je marque l'accent expressif.

a. – Bon, on choisit un **pe**tit ou un **gros** chien ?
– Je préfère les **gros** chiens pour garder la maison !
– Je ne suis **pas** d'accord, il va aboyer et je **dé**teste ça !
– Alors, un petit chien, c'est **très** bien !
– **Su**per, alors, on est d'a**ccord** ?
– Si ça te va, ça me plaît **bien** aussi !
– **Par**fait !

b. – J'ai **trois** places pour le concert de Zaz !
– **Gé**nial ! On y va ensemble ?
– Oui et je propose la **troi**sième place à Pauline !
– **Pau**line ? **Mau**vaise idée, elle m'énerve **trop** !
– Alors **qui** ?
– Pourquoi pas Marion ?
– Bien **sûr** ! Tu as **tout** à fait raison et elle a**dore** Zaz !

 Préparer la visite d'un parc

1 💬

**Marie apporte un prospectus d'information pour visiter
le parc de la Pendjari. Je le lis et je réponds aux
questions.**

a. Comment vivent les animaux ?

b. Que faut-il faire pour voir des éléphants ?

c. Où se trouvent les zèbres ?

d. Deux touristes vont au parc national de la Pendjari.
Ils font une visite de six heures en bus et dorment
dans un camping. Combien doivent-ils payer ?

BIENVENUE AU PARC NATIONAL DE LA PENDJARI !

PENDJARI — PARC NATIONAL · BENIN

Informations pratiques pour votre visite

Les animaux vivent en liberté. La faune
importante de la Pendjari vous permettra
de rencontrer le plus d'animaux possible.
Le mieux est de respecter certains horaires.
Vous aurez plus de chance de voir des
éléphants le matin, vers 5 heures. C'est
sous les arbres, près des zèbres, que vous
pourrez voir le plus de lions.

Les tarifs d'entrée	
Tarif	10 000 FCFA par personne
Voiture	3 000 FCFA
Bus – visite de 4 heures	1 000 FCFA
– visite de 6 heures (avec repas)	1 500 FCFA
– visite de 8 heures (avec 2 repas)	1 700 FCFA

Hébergement	
Camping	3 000 FCFA par nuit et par personne Vous serez accompagné d'un guide.
Hôtels	de 6 000 FCFA à 15 000 FCFA par nuit et par personne
Chez l'habitant	2 500 FCFA par nuit et par personne et 4 000 FCFA par nuit pour deux personnes

On conseille de prendre
un accompagnateur.

www.pendjari.net

Parc naturel

 2 Rendez-vous

> 1 euro = 652,90 francs CFA
>
> On utilise le franc CFA (FCFA) :
>
> • **en Afrique de l'Ouest** (au Bénin, au Burkina Faso, en Côte d'Ivoire, en Guinée-Bissau, au Mali, au Niger, au Sénégal et au Togo),
>
> • **en Afrique centrale** (au Cameroun, en République centrafricaine, en République du Congo, au Gabon, en Guinée Équatoriale et au Tchad).

2

Avec Marie, on choisit le programme et l'hébergement. Marie n'est pas d'accord avec moi. Je joue la scène avec mon voisin.

3

J'envoie un courriel à la direction du parc de la Pendjari pour réserver (entrée et hébergement).

 ## Raconter la visite d'un parc

 4  > Piste 38 • DVD **piste 51**

Avec Marie, on écoute l'accompagnateur et on réagit. Je joue la scène avec mon voisin.

5

J'écris un courriel à Benoît. Je lui raconte ma visite du parc.

 **TÂCHE**

Faire des propositions pour améliorer l'environnement

Étape 1 : En petits groupes, on repère les espaces les moins agréables du quartier.

Étape 2 : Chaque groupe propose des solutions pour rendre les espaces plus beaux.

Étape 3 : On écrit un projet avec ce qu'on propose.

Étape 4 : Chaque groupe présente son projet à la classe.

Étape 5 : On choisit ensemble le meilleur projet.

Culture Vidéo

Qu'est-ce qu'un produit « bio » ?
« Biologique » ≠ « chimique », « synthétique ».

1 Regardez.
Quel thème ?
Retrouvez le thème du reportage.

| LES | TE – MENTS – VÊ | LO – QUES – BIO – GI |

2 Regardez.
Où ?
Associez les éléments de chaque colonne.

a. Une cliente

b. Des mannequins hommes et femmes

c. Des fleurs

d. Une couturière

e. Un client

f. Des mannequins

g. Des stylistes

1. Dans la vitrine d'une boutique

2. Dans un magasin de vêtements

3. Sur un podium

4. Dans un atelier

5. Dans un magasin de chaussures

6. Dans un champ de coton

3 Écoutez.
Quels mots ?
Retrouvez les mots du reportage.

a. la mode

b. des pulls

c. des chaussures

d. des créateurs

e. des vêtements

f. des manteaux

g. des bottes

h. des couturiers

i. la planète

j. des pantalons

k. des sandales

l. biologique

m. la Terre

n. des robes

o. des baskets

p. écologique

4 Écoutez.
Dans quelles conditions ?
Complétez les phrases avec les adjectifs proposés.

| achetés | bonnes | biologiques | réelle | chimiques |

a. Les vêtements ... sont fabriqués sans produits ... pour respecter l'environnement.

b. Acheter un vêtement « bio » garantit que les enfants ne sont pas exploités et garantit de ... conditions de travail pour tout le monde.

c. Les produits sont ... à leur valeur ...

LA MODE AU NATUREL

Les vêtements biologiques
En général, les vêtements vendus dans le commerce sont fabriqués avec des matières synthétiques. Aujourd'hui, on trouve de plus en plus d'habits biologiques, c'est-à-dire de vêtements fabriqués avec des matières qui respectent l'environnement.

Écoutez.
5 Quelles garanties ?
Classez les phrases de l'activité 4.

Garanties sociales	Garanties environnementales	Garanties économiques
...	...	...

Écoutez.
6 Quelle conclusion ?
Complétez.

Acheter un vêtement « bio » est donc ... ; c'est ... .

Exprimez-vous.
7 Pourquoi acheter des vêtements « bio » ?
Essayez de convaincre votre meilleur ami d'acheter des vêtements « bio ».
Expliquez-lui tous les avantages de cette mode.

Le Slow Wear : une nouvelle tendance économique et écologique
Il s'agit de consommer mieux. Après le « vêtement jetable », on préfère des vêtements de qualité qui durent longtemps, des vêtements « bio » et « à la mode » !
Est-ce la solution à la crise économique ?

>> Qu'en pensez-vous ?

Jour 6

Rendez-vous 1

à découvrir
- Raconter des souvenirs
- Se situer dans le temps

à savoir, à prononcer
- L'alternance imparfait / passé composé
- Les indicateurs de temps
- Les voyelles [e] et [ɛ]

à faire
Commenter des photos de voyage

08:00

09:00

Rendez-vous 1
Retour de voyage

10:00

11:00

Rendez-vous 2

à découvrir
- Parler d'un événement
- Donner son avis

à savoir, à prononcer
- Les adjectifs possessifs (révision)
- Les pronoms possessifs
- Les pronoms démonstratifs
- La liaison et l'enchaînement

à faire
Proposer un spectacle

15:00

Culture Vidéo

La musique

MARSEILLE

16:00

17:00

18:00

19:00

20:00   Rendez-vous 2
        Concert

21:00

22:00

23:00

Paris, le 8 juin

Aujourd'hui, j'ai retrouvé une photo du jour de notre rencontre avec Laurent. C'était un moment extraordinaire, il y a plus de vingt ans.

J'ai rencontré Laurent dans un restaurant à Paris. Il était beau avec sa chemise blanche. Je l'ai tout de suite trouvé très sympathique.

C'était le 3 août 1984 et il faisait très chaud.

Le serveur avait l'air fatigué. Il a donné mon plat à un jeune homme, alors nous avons commencé à discuter...

J'avais vingt-six ans et j'habitais à Paris. Je travaillais dans une société immobilière à côté du restaurant et je mangeais là tous les midis ; la terrasse était très agréable.

J'ai téléphoné au bureau pour prendre mon après-midi et rester avec lui. Après le déjeuner, nous sommes partis ensemble.

En quatre heures, nous avons visité deux musées et le quartier Saint-Michel, puis il m'a proposé d'aller dîner...

Après quelques mois, nous nous sommes mariés et nous avons invité le serveur du restaurant. Aujourd'hui, nous avons deux enfants et trois petits-enfants : deux petites-filles et un petit-fils !

RACONTER DES SOUVENIRS

 1

Je lis la page du journal de Josina et j'écris les éléments de l'histoire.

a. Le décor : ...
b. Les personnages : ...
c. Les actions : ...

> **Pour raconter une histoire, on parle...**
>
> • *du lieu, du climat, de l'époque, de l'ambiance :*
> C'était dans les années 1980, il faisait beau et nous étions heureux d'être ensemble.
> • *des caractéristiques physiques et du caractère :*
> Avec mes amis, nous étions jeunes et sportifs.
> • *des actions :*
> Nous avons visité la ville toute la journée.

2  **> Piste 55** • **DVD piste 52**

J'écoute le document et je réponds aux questions.

a. C'est :
   1. une émission de radio.
   2. un jeu télévisé.
b. En quelle saison se passe l'histoire ?
c. Quels sont les horaires de travail de Pierre ?
d. Pourquoi se rappelle-t-il de ce moment ?

 3

J'écris la rencontre entre Laurent et Josina.

C'était en 1984...

1 Rendez-vous

jour 6

4 🖊

**Avec mon voisin, on lit les textes des photos
et on écrit les prénoms des membres de la famille.**

☐1 Chez nous (Josina et Laurent) avec Fabrice, notre fils, Pascale, sa femme, leurs enfants Amandine et Damien.

☐2 En 2003, au restaurant d'Arnaud et Martine, la sœur de Josina.

a. Les grands-parents : … .
b. Les parents : … .
c. Les petits-enfants : … .
d. L'oncle et la tante : … .

Les membres de la famille

• *Le petit-fils, la petite-fille*
→ *Les enfants de mes enfants.*
• *L'oncle, la tante*
→ *Le frère ou la sœur de mon père ou de ma mère.*

5

En petits groupes, on raconte le voyage de Josina.

6 🖊

Avec mon voisin, on écrit un souvenir d'enfance.

SE SITUER DANS LE TEMPS

7 🎧② > *Piste 55* • 💿DVD *piste 52*

**J'écoute encore le document et je note les
expressions pour situer dans le temps.**

Pour situer dans le temps

• **Il y a** *une semaine, quelques mois, un an…*
Il y a un an, je suis allé en Alaska.
• **Au début** ≠ **à la fin**
Au début, j'étais triste, mais à la fin, j'étais heureux.
• **Après** *quelques minutes, jours, semaines, mois…*
Après quelques jours, je suis arrivé à destination.
• **Peu à peu, petit à petit**
Petit à petit, je me suis habitué au froid.
• **À la fin**
À la fin, j'étais heureux d'avoir fait ce voyage.

8 🖊

**Avec mon voisin, on observe les dessins et on
imagine le voyage.**

9 🖊

**Je suis au bureau ou à l'école depuis une semaine.
Je raconte les moments de la semaine passée.**

Rendez-vous 1 ☒ **à savoir** ☒ **à prononcer**

Grammaire

L'alternance imparfait / passé composé

*Hier, j'étais à la plage ; je discutais avec mes amis
et Fabrice est arrivé avec une nouvelle petite amie.*

Pour raconter une histoire passée, on utilise :
• **le passé composé** pour exprimer les actions
principales, des actions précises.
Je suis parti mercredi et je suis revenu samedi matin.
• **l'imparfait** pour décrire le cadre de l'action,
la situation, le décor.
*C'était l'été, il faisait beau. Pierre avait un T-shirt bleu
et j'étais amoureuse.*

1.

Je raconte la soirée d'anniversaire de Marco.
Hier soir, je … (aller) à la soirée d'anniversaire de Marco.
Quand je … (arriver), il y … (avoir) tous ses amis et tout
le monde … (danser) sur de la Salsa dans le salon. Son
appartement … (être) très bien décoré. À 23 heures, on
… (couper) le gâteau et nous … (lui offrir) des cadeaux.
Il … (être) très content. Je … (rentrer) chez moi à
2 heures du matin !

2.

**Avec mon voisin, on choisit l'histoire d'un film ou
d'un roman et on écrit les éléments de nos trois
scènes préférées.**

	Scène 1	Scène 2	Scène 3
a. Le décor	…	…	…
b. Les personnages	…	…	…
c. Les actions	…	…	…

3.

**Avec mon voisin, on choisit une scène de
l'activité 2 et on la raconte à la classe.**

4.

**En petits groupes, on écrit une histoire avec les
éléments suivants.**

8 h 00 Départ	10 h 00 Visite du musée	11 h 30 Rencontre avec Gabriel	13 h 00 Repas au restaurant	14 h 30 Temps libre	18 h 00 Retour à l'hôtel

17 °C soleil beaucoup de monde

heureux fatigue du voyage des souvenirs

5.

**Chaque groupe raconte une partie de l'histoire
à la classe.**

Les indicateurs de temps

J'ai dormi de 9 h du soir à 11 h du matin !

• Pour indiquer **une durée**, on utilise :
– « de… à… » → *De 9 h 00 à 13 h 00, je fais les
courses.*
– « du… au… » → *Fermé du 12 au 23 juillet.*
– « en » → *Vous devez tout faire en 5 heures.*
• Pour indiquer **un moment**, on utilise :
– « à » → pour l'heure ;
– « le » → pour le jour, la date ou les moments
de la journée ;
– « en » → pour le mois, la saison ou l'année ;
– « au » → pour le siècle.
*Au xxie siècle, en 2002, le 1er janvier, en hiver,
à 00 h 00, les Français sont passés à l'euro.*

Attention !
• Pour les **saisons**, on dit :
« en été », « en automne », « en hiver » mais
« au printemps ».
• Pour les **mois**, on dit :
« en mars », « en octobre »… mais aussi « au mois
de mars », « au mois d'octobre »…

6.

Vrai ou faux ? Je réponds et je donne des exemples.

a. On utilise « en » pour une durée ou un moment.

b. On utilise « en » ou « au » pour les saisons.

c. On utilise « du... au ... » pour les horaires.

d. On utilise « le » pour une année ou un siècle.

7.

Je classe les phrases.

a. Ils font du sport en été.

b. Ils partent le mercredi 10 mars.

c. Ils font le voyage en dix heures.

d. Elle reste du 8 au 14 mars.

e. Son fils va au cours de musique le mercredi
de 9 h 00 à midi.

f. Mon oncle va à Rome au printemps.

1. Durée	**2.** Moment
...	...

8.

Mais c'était quand ?

> **Pour interroger sur le temps**
>
> *Tu pars quand ?*
> *Tu es parti en quelle année ?*
> *Tu es parti en quelle saison ?*
> *Quelles sont les dates de tes vacances ?*
> *Quel jour et à quelle heure fais-tu du sport ?*

Phonétique

Les voyelles [e] et [ɛ]

• La voyelle [e] se prononce la bouche souriante
un peu fermée.

→ *écouter*

→ *été*   ☺

→ *parlez*

• La voyelle [ɛ] se prononce la bouche souriante
un peu ouverte.

→ *j'aimais*

→ *elle fêtait*   😮

→ *ils passaient*

Attention !

« Je » se prononce la bouche arrondie [ʒə],
mais « j'ai » peut se prononcer de deux
manières → [ʒe] ou [ʒɛ].

1. **> Piste 56** • *DVD piste 53*

**J'écoute et je note si les verbes sont à l'imparfait
ou au passé composé.**

	Imparfait	Passé composé
J'étais	✓	—
J'ai regardé	—	✓

2. **> Piste 57** • *DVD piste 54*

J'écoute et je répète les phrases.

a. Avant, **j'écoutais** souvent de la musique
classique, mais hier, **j'ai écouté** un opéra rock.

b. Avant, **je mangeais** tous les jours au restaurant,
mais hier, **j'ai mangé** chez moi.

c. Avant, **je marchais** tous les dimanches, mais
la semaine dernière, **j'ai marché** le samedi.

d. Avant, **je nageais** toujours seul, mais hier,
j'ai nagé avec un ami.

e. Avant, **je faisais** mes courses le samedi, mais
la semaine dernière, **j'ai fait** mes courses
vendredi.

Rendez-vous 1 [X] à faire

➡ Discuter des vacances

1 🎧 **> Piste 58** · 💿 DVD **piste 55**

Fanny nous raconte son voyage à la montagne. Avec mon voisin, je mets les photos dans l'ordre.

1   2   3   4

2 ✏

Avec Fanny, on écrit un commentaire pour chaque photo.

3 💬

Avec les quatre amis, on discute des bons et des mauvais moments de nos voyages. On joue la scène.

Retour de voyage

➡ *Raconter un voyage*

4 ✎

Voici les notes de mon voyage au Bénin, à Cotonou. En petits groupes, on écrit l'histoire pour la journée de notre choix.

> Ma journée à Cotonou
> Visite de la ville / originale, agréable
> 31 °C
> Conférence de Danielle Royer
> Beaucoup de monde
> Repas de midi avec Danielle
> Café sur le port
> Serveur qui parle français
> Petite promenade et glace à la vanille
> Soirée sympa avec concert dans un bar

> Ma journée
> dans le parc national de la Pendjari
> Réveil à 5 heures du matin
> Soleil magnifique
> Photos, photos !!
> Peu de touristes et beaucoup d'animaux
> Repas avec poulet grillé et boisson locale /
> très bon, pas cher
> Promenade dans le parc en voiture
> Pause à l'hôtel en fin d'après-midi
> Cartes postales
> Grosse fatigue mais le bonheur

5 🎧 ② **> Piste 59** · 💿DVD *piste 56*

On écoute Olga. Elle parle du Cambodge. Je prends des notes pour mon prochain voyage.

☺ : ...   ☹ : ...

Commenter des photos de voyage

Étape 1 : En petits groupes, on discute et on choisit le voyage d'un étudiant.

Étape 2 : On décrit le voyage et on note les événements positifs et négatifs.

Étape 3 : Pour chaque événement, on dessine ou on trouve des photos
pour montrer le décor, les personnages et les actions. On écrit
un commentaire sous chaque document.

Étape 4 : On présente notre album de photos à la classe.

**Plus de 30 000 spectateurs pour la 2ᵉ année !
Des danseurs, des chanteurs, des comédiens
pour un spectacle original !**

A
*« Entre le cirque, la danse et le théâtre :
une comédie musicale complète ! Bravo ! »*
Pariscope

B
« Le meilleur spectacle musical de l'année
grâce à ses artistes pleins de talent. »
Direct Matin

C
« Un vrai moment de bonheur.
La vie représentée ici, c'est
la tienne, mais c'est aussi la
mienne… » *Direct Soir*

D
« On a vraiment le
temps de s'ennuyer ! »
Le Journal du Dimanche

◄ ► | + | http://www.forum-theatre.fr | R

Bonjour, je veux aller voir une comédie musicale,
celle qui passe au « Théâtre de la Madeleine ».
C'est bien, non ? Merci. *Zohra*

Salut, je n'ai pas encore vu ce spectacle, mais mes
amis, oui, et j'ai lu de bonnes critiques. C'est pour
ça que j'ai pris des places pour demain ! *Cindy*

Tu penses vraiment que c'est bien ? Les places sont
chères, non ? *Marilou*

J'ai payé la mienne 10 euros sur Internet.
Cindy

Bonjour, à mon avis, les danseurs ne sont pas bons
et la mise en scène est vraiment mauvaise ! Pour
moi, il vaut mieux aller voir un bon concert. *JP*

PARLER D'UN ÉVÉNEMENT

1

Je lis le forum et je réponds aux questions.

a. Qui demande une information ?
b. Qui a une opinion positive ?
c. Qui a une opinion négative ?

2

**J'écris les expressions utilisées dans le forum
pour demander une opinion. Je complète avec
les expressions que je connais.**

> *J'utilise « oui », « non » ou « si »…*
>
> ***Quand j'attends une réponse.***
>
> • *C'est bien, <u>non</u> ?… Alors, c'est bien ou pas ?*
> • *Tu viens ?… Thomas ! Tu viens ?… Tu me réponds*
> *<u>oui</u> ou <u>non</u> ?*
>
> ***Quand je veux insister.***
>
> • *– Tu as vu ce concert ?*
> *– Moi <u>non</u>, mais mes amis, <u>oui</u>.*
> • *– Je ne connais pas cet artiste.*
> *– Mais <u>si</u>, tu le connais !*

3

**J'observe les dessins. Avec mon voisin, on imagine
un dialogue et on joue la scène.**

Concert

2 Rendez-vous

4 **> Piste 60 · DVD piste 57**

J'écoute le document et je note les événements.

a. 1968 : ...
b. 7 ans : ...
c. 10-11 ans : ...
d. 1985 : ...
e. 1998 : ...

5 **> Piste 60 · DVD piste 57**

a) J'écoute encore Philippe Malinot et je complète.

a. C'est une passion → LA S ... ... N E.
b. Dans la salle → LE P U ... ... C.
c. Au théâtre classique → LE R ... L ... .
d. On apprend à la jouer → LA C ... M ... ... I ... .

b) Je cherche la définition des mots dans le dictionnaire et j'écris une phrase pour chaque mot.

DONNER SON AVIS

6

J'associe les commentaires (page 100) à une photo.

7

Je lis encore les articles de presse et je classe les commentaires du ☺ au ☹.

8 **> Piste 60 · DVD piste 57**

J'écoute encore le document et je complète les phrases.

a. Puis, ... vos problèmes de santé, vous partez à Marseille à l'âge de 7 ans.
b. (...) J'avais 10 ou 11 ans. ... le théâtre est devenu une passion.
c. En 1998, ... Emmanuelle Berger, une grande pianiste, vous découvrez un nouvel art : la comédie musicale.
d. ... avec la comédie musicale, je peux associer mes deux passions : la scène et la musique.

• *Pour structurer mon discours, j'utilise :*

– *c'est-à-dire...* pour donner une explication ;
– *c'est pour cela / ça que...* pour donner une raison.

• **Attention !**

À cause de... / Grâce à...
Je ne sors pas <u>à cause de</u> la pluie.
Je vais bien <u>grâce à</u> toi.

9

**Avec mon voisin, on participe au forum.
On utilise les expressions pour donner son avis sur le dernier spectacle qu'on a vu.**

Grammaire

Les adjectifs possessifs (révision)

Mon manège <u>à moi</u>, c'est toi !

• On utilise les adjectifs possessifs pour **exprimer une relation d'appartenance** entre deux personnes ou entre une personne et une chose.
• Les adjectifs possessifs se placent **avant le nom** et s'accordent avec ce nom.

Attention !

Avec un mot féminin qui commence par une voyelle ou un « h- », on écrit :
ma → *mon* / ta → *ton* / sa → *son*.
Tu as vu <u>son</u> <u>affiche</u> ?

1.

Je trouve les adjectifs possessifs. Je complète le tableau et je donne un exemple.

S	E	S	A	L	E
E	M	O	M	E	S
T	O	N	A	U	T
A	N	O	T	R	E
V	O	T	R	E	S
O	S	E	T	R	E
S	L	E	U	R	S

	Masculin	Féminin	Pluriel
À moi	*mon piano*	...	...
À toi	*ton livre*	...	...
À lui / À elle	...	...	...
À nous	...	...	...
À vous	...	...	...
À eux	...	...	

2.

Avec mon voisin, on complète la présentation de l'artiste.

... nom est DJ Black et ... dernier titre s'appelle « Matassa ». Avec ... 600 000 albums vendus, il entre au Top 5 des meilleures ventes de cette année. ... succès est mondial ! Il est aujourd'hui dans ... émission du « Dimanche » pour présenter ... tournée en France. ... fans l'attendent. Je vous demande d'accueillir DJ Black !

3.

Je pose des questions à mon voisin sur son chanteur ou sur son groupe préféré.

Les pronoms possessifs

– *Tu as un beau costume !*
– *Le tien n'est pas mal non plus !*

On utilise un pronom possessif pour **remplacer** un adjectif possessif + un nom.
J'ai pris mon <u>billet</u> pour le concert. Et toi, tu as pris le tien ?
→ *le tien = ton billet*

Singulier		Pluriel	
Masculin	Féminin	Masculin	Féminin
C'est ton <u>billet</u>, ou c'est le mien ?	*C'est ta <u>chanson</u>, mais c'est aussi la mienne.*	*C'étaient tes CD, mais maintenant ce sont les miens !*	*Ce sont tes <u>places</u>. Voici les miennes.*
le tien	la tienne	les tiens	les tiennes
le sien	la sienne	les siens	les siennes

4.

J'observe les deux dessins et je complète les bulles.

Tu as de belles lunettes !

5.

J'observe le tableau et j'écris des phrases avec des pronoms possessifs.

6.

Qu'est-ce que c'est ?

Concert

Phonétique

Les pronoms démonstratifs

C'est celui que j'aime.

- On utilise un pronom démonstratif pour **remplacer** un adjectif démonstratif + un nom.
- Le pronom démonstratif n'existe jamais seul : il faut ajouter « de / d' » ou « qui / que / qu' ».

– *Tu as écouté le dernier CD de Slaï ?*

– *Oui, et aussi celui d'Ophélia et celui de Bennato.*

– *Ah oui ! Ce sont ceux que tu veux me prêter.*

	Masculin	Féminin
Singulier	*celui*	*celle*
Pluriel	*ceux*	*celles*

La liaison et l'enchaînement

- On ne fait pas toujours la **liaison** en français. Parfois, on peut choisir selon la situation.
- Si on ne fait pas la liaison, on **enchaîne** la voyelle ou la consonne prononcée.

Je suis_allé.

pas_encore

Il est_italien.

→ Je fais la **liaison** = situation formelle.

Je suis_allé.

pas encore

Il est italien.

→ Je ne fais pas la liaison mais **l'enchaînement** = situation informelle.

7.

Je retrouve Claire et Raphaël sur le dessin.

a. Où est Claire ? C'est celle qui a des cheveux rouges.
C'est celle qui est à côté de l'entrée.

b. Où est Raphaël ? C'est celui qui a une casquette.
C'est celui qui parle au téléphone.

8.

Je remplace les répétitions par des pronoms démonstratifs.

J'étais à la fête de la musique antillaise cette semaine et à la fête de la musique brésilienne. Il y avait plusieurs concerts : j'ai vu le concert de Dominik Coco samedi soir et le concert de Slaï dimanche. Les chanteurs ont fait une séance de signatures. Maintenant, j'ai les signatures de Slaï et les signatures de ses musiciens sur mon T-shirt. Tu sais, le T-shirt que tu m'as offert pour mon anniversaire. Trop génial ! *Stan*

1. **> Piste 61** •  *piste 58*

J'écoute les phrases et je note si j'entends la liaison ou l'enchaînement.

Nous sommes_allés à un concert.

→ *enchaînement*

Nous sommes_allés à un concert.

→ *liaison*

a. Nous somme**s en**core sortis hier soir !

b. Est-ce que tu e**s a**llé au café ?

c. Elle es**t a**rrivée hier.

d. Vous voul**ez é**couter ce que j'ai à dire ?

e. Vous n'avez pa**s en**core fini ?

f. Il **es**t **a**vec toi ?

g. Ils vi**vent en**semble.

h. C'étai**t un** superbe spectacle !

2. **> Piste 62** •  *piste 59*

J'écoute le dialogue. Je le lis une première fois sans faire les liaisons non obligatoires, puis une deuxième fois avec toutes les liaisons.

– Alors, raconte un peu, où est-ce que tu **vas aller** ?

– Oh là, là ! Mais **nous avons encore** le temps avant de décider !

– Votre voyage **est en** avril et vous n'avez **pas encore** choisi ?

– Si, nous **avons envie** de partir sur une île des Antilles.

– **C'est assez** romantique.

➡ *Choisir un spectacle*

1

Je lis « L'Officiel des spectacles » et les textos de Marie et d'Olga. Je leur réponds.

2

J'observe les affiches, je définis le type de musique et je donne mon avis.

> Alors ? Quand est-ce qu'on va danser ? N'oublie pas que je travaille le samedi. Bises. Olga

> Qu'est-ce qu'on fait ? On sort ? Un concert de zouk, ça te dit ? Marie

IAM remonte sur scène avec son dernier album : plus rap que jamais !

Vendredi au « Casino de Paris »
Samedi au « New Morning »

La Réunion pour un concert de zouk

En exclusivité Samantha Nourry

Samedi au « Casino de Paris »

Open bar soft jusqu'à 1 h 00
Gratuit pour les femmes jusqu'à 00 h 30

L'Officiel des spectacles - Où danser ce week-end ?

Concert

 2 Rendez-vous

jour 6

3

Je lis les critiques sur Internet et je les classe du 😊 au 😞.

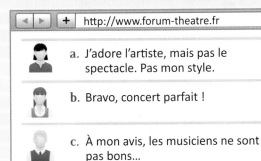

http://www.forum-theatre.fr

a. J'adore l'artiste, mais pas le spectacle. Pas mon style.

b. Bravo, concert parfait !

c. À mon avis, les musiciens ne sont pas bons...

d. J'adore le chanteur. Top !

e. Concert mauvais à cause de la chanteuse : nulle !

f. Grâce aux musiciens, le concert était génial. Super soirée ! Merci au meilleur groupe de rap marseillais.

➡ *Interroger les artistes*

4 > Piste 63 ·  DVD piste 60

J'écoute Olga qui me parle du groupe et je note les informations.

5 ✏

Avec Marie, on décide d'aller voir le groupe après le concert. On prépare une liste de questions à lui poser.

6

À la fin du concert, on va voir le groupe dans sa loge pour poser des questions.
On joue la scène à trois.

TÂCHE

Proposer un spectacle

Étape 1 : En petits groupes, on choisit un type de spectacle (concert, théâtre, cirque, comédie musicale...).

Étape 2 : On cherche des informations sur ce spectacle sur Internet (Ex. : www.spectacles.fr).

Etape 3 : On écrit la biographie de l'artiste principal.

Etape 4 : On donne une note (de 1 à 5) pour chaque spectacle proposé.

cent cinq 105

Culture Vidéo

1 Écoutez.
Quelle musique ?
Selon vous, de quels pays vient cette musique ?

2 Regardez et écoutez.
Quelle affiche ?
Complétez l'affiche avec votre voisin.

3 Écoutez.
Vrai ou faux ?
Écoutez Cécile Rata et dites si les affirmations suivantes sont vraies ou fausses.

a. Ce festival permet de regrouper toutes les associations françaises qui travaillent avec l'Afrique.
→ ......

b. L'esprit d'« Africa Fête » c'est aussi de la programmation musicale.
→ ......

c. « Africa Fête » est un festival de *world musique*.
→ ......

d. Les festivals de musique du monde en Europe et en France travaillent avec des artistes qui vivent à l'étranger.
→ ......

e. Le festival de Marseille prend le risque de faire voyager des artistes africains.
→ ......

4 Écoutez.
Quelles manifestations ?
Associez les manifestations aux lieux.

Quoi ?
a. Une soirée de concerts
b. Des rencontres avec des associations, des artisans et des artistes
c. Du cinéma
d. Un cabaret

Où ?
1. Au village africain
2. À la Friche de la Belle de Mai
3. À la Cité de la Musique
4. À la Maison de la Région

AFRICA FÊTE

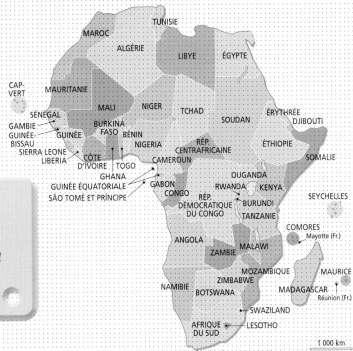

⑤ Écoutez.

Quels pays ?

Retrouvez sur la carte de l'Afrique
les pays d'origine des artistes.

Festival de musique

*C'est un événement artistique annuel qui dure
plusieurs jours. Les festivals de musique sont
généralement organisés autour d'un genre musical
(jazz, musique classique, musiques du monde...),
d'un groupe d'artistes, d'un instrument, etc.*

⑥ Exprimez-vous.

Un festival... des festivals ?

Présentez une fête de la musique ou un festival musical que vous connaissez.
Expliquez le déroulement de cet événement et les différentes activités organisées.

Africa Fête

*« Africa Fête » est une fenêtre ouverte sur la création musicale africaine. À Marseille, à Dakar,
à Cotonou, etc., le festival « Africa Fête » permet la rencontre et fait découvrir la musique africaine.
Depuis plus de trente ans, « Africa Fête » défend les artistes qui font connaître les cultures africaines.*

>> Pour en savoir plus

Le site Internet du festival « Africa Fête » : http://www.africafete.com/

Quelques instruments de musique traditionnels africains

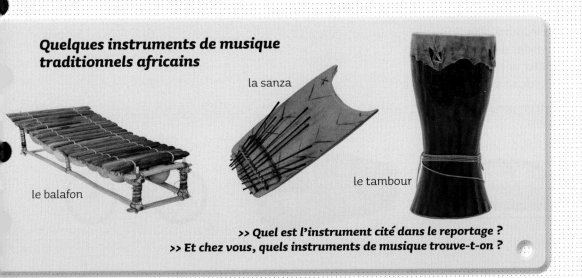

la sanza

le balafon

le tambour

>> Quel est l'instrument cité dans le reportage ?
>> Et chez vous, quels instruments de musique trouve-t-on ?

Évaluation 2

Delf A2

COMPRÉHENSION DE L'ORAL

25 minutes

Activité 1 🎧 > Piste 77

5 points

Objectif : comprendre une annonce en public

Écoutez l'annonce et répondez aux questions.

1. Cette annonce est : . . . . 1 point
    a. une publicité.
    b. un reportage.
    c. une information.

2. Quelles activités pouvez-vous faire avec l'association ? . . . . 1 point

3. Que pouvez-vous prendre à l'entrée de la salle ? . . . . 1 point

a.   b.   c.

4. Après la réunion, vous pourrez voir : . . . . 1 point

a.   b.   c.

5. Qu'est-ce qui coûte 20 euros par mois ? . . . . 1 point

Activité 2 🎧 > Piste 78

6 points

Objectif : comprendre un message téléphonique

Écoutez le message de votre amie Clara et répondez aux questions.

1. Clara téléphone pour : . . . . 1 point
    a. demander de l'aide.
    b. raconter une histoire.
    c. parler de sa situation familiale.

2. Elle a eu un problème avec : . . . . 1 point

a.   b.   c.

3. Quel est le sentiment de Clara ? . . . . 1 point

4. Clara n'a pas pu : . . . . 1 point
    a. aller à l'hôpital.
    b. aller à la pharmacie.
    c. aller chez le médecin.

5. Elle a rencontré quelle personne ? . . . . 1 point

6. Elle a rendez-vous à quelle heure ? . . . . 1 point

Activité 3 ② > *Piste 79*   **6 points**

Objectif : comprendre une information radiophonique

Écoutez « Radio Charlesville » et répondez aux questions.

1. Quel salon le journaliste présente-t-il ? . . . . 1 point

2. Combien de visiteurs sont venus l'année dernière ? . . . . 1 point
    a. 20 000.
    b. 25 000.
    c. 30 000.

3. Quel est le thème du salon cette année ? . . . . 1 point

4. Quelle personne encourage le public à venir au salon ? . . . . 1 point

5. Quel est l'objectif des activités gratuites ? . . . . 1 point

6. Dimanche à 14 heures, vous pouvez : . . . . 1 point
    a. écouter un débat.
    b. voir une réserve naturelle.
    c. réserver un voyage à l'étranger.

Activité 4 ② > *Piste 80*   **8 points**

Objectif : comprendre une discussion

Écoutez la conversation de vos voisins et répondez aux questions.

1. De quel problème parle Madame Schmurz ? . . . . 2 points

2. Jean-Philippe donne la raison du problème : . . . . 2 points
    a. les personnes ont fait une fête.
    b. les personnes ont organisé un concert.
    c. les personnes ont déménagé l'appartement.

3. Pour Jean-Philippe, quelle qualité faut-il avoir pour habiter dans un immeuble ? . . . . 2 points

4. Que pense Jean-Philippe des gens du deuxième étage ? . . . . 2 points

Évaluation 2 Delf A2

Activité 1   5 points

Objectif : comprendre une annonce

Quelle annonce les intéresse ?
Écrivez le numéro de l'annonce qui correspond à la situation de chaque personne.

1. ASSO SPORTS Ouvert du lundi au samedi, de 9 h 00 à 20 h 00 Tous sports – cours collectifs – professeurs diplômés. Inscriptions le premier mardi de chaque mois. Infos : www.assosports.com	**2. Nature & Santé** Association, près de chez vous, organise promenades, week-ends et semaines découverte. Prendre contact avec Pierre : tél. 01 45 02 80 00	**3. ÉCO +** Notre club offre ses services pour vous aider à créer ou à développer une activité professionnelle en France ou dans un pays francophone. Contactez-nous sur : ecoplus.org/info-pratiques.
4. INTERVILLES Vous êtes responsable d'une association de quartier ? Vous cherchez des idées ? Nous sommes là pour vous au 05 43 825 825	**5. Le CSF – Club pour une Société francophone** Vous êtes pour une francophonie politique et sociale ? Adhérez à notre club maintenant ! Envoyez votre inscription à : CSF, 3, rue Monsieur, 75007 Paris	

a. Mathieu souhaite parler de ses idées pour la francophonie.   Annonce n° … . . 1 point

b. Amina voudrait développer des activités de rencontres entre voisins.   Annonce n° … . . 1 point

c. Jordan veut créer le salon du tourisme francophone.   Annonce n° … . . 1 point

d. Silvio veut offrir un voyage écologique à sa famille.   Annonce n° … . . 1 point

e. Nadine doit se préparer pour partir marcher dans le désert.   Annonce n° … . . 1 point

---

De : Resaprod.fr

Objet : concert Medi

Bonjour,
Vous avez acheté deux billets de concert sur notre site pour
le mardi 8 novembre 2011, à 21 heures, à l'Olympia. Nous
vous remercions de votre confiance.
Attention, la date et l'heure du concert ont changé à cause
d'un problème technique. Vos billets restent valables et vous
pourrez venir au concert de Medi le mardi 15 novembre
à 22 heures dans la même salle.
Un problème pour la nouvelle date ou le nouvel horaire ?
Vous avez commandé par Internet, alors envoyez vos billets
à Résa Production, B.P. 115 Saint-Alban, 51000 Châlons-
sur-Marne et précisez votre choix : nous pourrons vous
rembourser ou échanger vos places contre celles d'un autre
concert de votre choix.
Merci de votre compréhension et nous vous souhaitons
un très bon concert.
Cordialement.
Le Service Clients RésaProd

Activité 2   6 points

Objectif : lire une correspondance

**Lisez ce message électronique et répondez aux
questions.**

1. Ce message électronique est : . . . . 1 point
   a. une publicité pour un concert.
   b. une annonce de changement.
   c. une réponse de confirmation.

2. À quelle date pourrez-vous écouter
   le concert de Medi ? . . . . 1 point

3. Pour venir au concert, vous devez : . . . 1 point
   a. échanger vos anciens billets.
   b. utiliser les mêmes billets.
   c. acheter encore des billets.

4. Vous ne pouvez plus venir au concert. Qu'est-ce que vous faites ? . . . . 1 point

    a. Vous vendez vos billets.

    b. Vous écrivez à Résa Production.

    c. Vous répondez par Internet.

5. Quel choix propose le service clients de Résa Production ? (2 réponses) . . . . 2 points

Activité 3   6 points

Objectif : lire des instructions

Lisez le document et répondez aux questions.

> ### Vous venez de recevoir notre nouvel appareil de musculation « Musclor ».
> ### Nous vous remercions de votre achat.
>
> • Vous pouvez mettre « **Musclor** » dans votre chambre, votre salon ou votre garage, mais il faut un endroit assez grand avec une fenêtre. Vous n'avez pas besoin d'électricité. Pour la première utilisation, vous devez contrôler les différentes parties. Vous pouvez aussi téléphoner à notre service « Conseils » au 0800 732 732.
>
> • Pour profiter au maximum des possibilités de l'appareil, vous devez faire des exercices tous les deux ou trois jours, pendant 15 minutes minimum. Vous allez voir votre corps changer : d'abord les bras, puis votre ventre. Attention, vous pouvez vous blesser : ne travaillez pas plus longtemps que la durée indiquée pour chaque exercice !
>
> ### Dans un mois, vous verrez la différence : vos muscles seront plus forts.
> ### Bon courage et au travail !

1. Ce document est : . . . . 1 point

    a. une lettre personnelle.

    b. un mode d'emploi.

    c. un formulaire d'achat.

2. Qu'est-ce qu'il faut faire avec « Musclor » pour la première utilisation ? . . . . 1,5 point

3. Vous devez utiliser cet appareil : . . . . 1 point

    a. toutes les quinze minutes.

    b. tous les deux ou trois jours.

    c. toutes les deux semaines.

4. « Musclor » va changer quelles parties du corps ? . . . . 1 point

a.   **b.**   **c.**   **d.**

5. Qu'est-ce qu'il faut faire pour ne pas se blesser ? . . . . 1,5 point

Activité 4 8 points

Objectif : lire pour s'informer

Lisez cet article et répondez aux questions.

Paris et sa réserve naturelle !

Pourquoi voit-on toujours les touristes à Paris prendre des immeubles en photo ? C'est parce qu'à Paris, on peut voir les mêmes animaux qu'en Afrique.

Moi aussi, je me suis promené dans les rues et j'ai levé les yeux vers le ciel. Et j'ai vu des animaux sauvages : il y avait des têtes d'éléphant au-dessus des portes des immeubles anciens et des lions sous les fenêtres. J'ai photographié des moutons et des vaches sur des murs de restaurants ! Mais, pour moi, les plus beaux animaux étaient sous les ponts de Paris : là, j'ai vu des chevaux magnifiques.

Alors, ne partez pas en voyage au bout du monde. Paris a aussi sa réserve naturelle... en pierre : c'est beau, c'est gratuit et c'est extraordinaire. Il faut savoir regarder, c'est tout !

Capitale Magazine, n° 123

1. Quelle est la première surprise du journaliste à Paris ? . . . . 1,5 point

2. Vrai ou faux ? Cochez et notez la phrase ou la partie du texte qui justifie la réponse. . . . 1,5 point
« À Paris, on peut voir des animaux d'Afrique. »
☐ Vrai
☐ Faux
Justification : ...

3. Quels animaux sauvages le journaliste a-t-il reconnus ? . . . . 1,5 point

4. Vrai ou faux ? Cochez et notez la phrase ou la partie du texte qui justifie la réponse. . . . 1,5 point
« Les animaux de la ferme vivent à côté des restaurants. »
☐ Vrai
☐ Faux
Justification : ...

5. Pendant sa visite, le journaliste a préféré voir : . . . . 1 point
a. les éléphants.
b. les moutons.
c. les chevaux.

6. Le journaliste propose aux touristes de : . . . . 1 point
a. rester à Paris.
b. partir en Afrique.
c. faire le tour du monde.

Activité 1   13 points

Objectif : raconter un souvenir (60 à 80 mots)

Vous allez au Festival des jardins, organisé dans un grand parc du centre de la France. Vous décrivez cette visite dans votre journal personnel. Vous racontez ce que vous avez vu, ce que vous avez préféré (présentation, fleurs, couleurs...). Vous exprimez vos sentiments.

Salut,
Samedi soir, c'est le concert de musique antillaise. Mon groupe va jouer en première partie. Et, après le concert, on organise une rencontre avec le public.
Dis-moi si tu viens et si tu restes pour la rencontre !
À bientôt.
Rose

Activité 2   12 points

Objectif : remercier et donner son opinion (60 à 80 mots)

Répondez à Rose. Vous la remerciez, mais vous refusez son invitation. Vous n'aimez pas ce style de musique et vous donnez votre opinion sur vos goûts musicaux.

Activité 1 : Entretien dirigé

Objectif : parler de soi et de son caractère

Répondez aux questions.
- Parlez de vos qualités, de vos amis, de vos activités.
- Quelles sont les qualités de vos amis ? Comment êtes-vous avec vos voisins, vos collègues ?

Activité 2 : Monologue suivi

Objectif : parler de son environnement, de ses expériences personnelles

1. **Votre lieu de vie**
   - Préférez-vous la vie en ville ou à la campagne ? Qu'est-ce que vous aimez dans cette vie ?
   - Décrivez votre quartier, votre rue.

2. **Un souvenir**
   - Racontez un bon ou un mauvais souvenir.
   - Parlez de votre plus beau voyage.

Activité 3 : Exercice en interaction

Objectif : résoudre un problème de la vie quotidienne

1. **Un ami francophone veut habiter dans votre quartier ou votre ville. Vous parlez de ses avantages (commerces, transports, activités...).**
   L'examinateur joue le rôle de l'ami.

2. **Vous êtes en voyage en France avec des amis. Un ami a un petit accident. Vous allez à la pharmacie pour parler du problème et trouver une solution.**
   L'examinateur joue le rôle du pharmacien.

Jour 7

A2+

Rendez-vous 1

à découvrir
- Communiquer à distance
- Interagir avec l'administration

à savoir, à prononcer
- Le gérondif
- Les adjectifs (*tout, tous, toute, toutes, chaque, plusieurs, quelques*)
- Les consonnes [ʃ], [ʒ] et [j]

à faire
→ Faire la liste des documents administratifs pour partir à l'étranger

Rendez-vous 2

à découvrir
- Décrire un document publicitaire
- Exprimer une hypothèse

à savoir, à prononcer
- L'hypothèse (*si* + présent)
- Le pronom relatif *dont*
- Les consonnes [p] et [b]
- Les consonnes [f] et [v]

à faire
→ Créer des affiches publicitaires

Culture Vidéo 📹

La publicité

08:00

09:00

13:00

Rendez-vous 1
Projet de départ

14:00

15:00

MONTPELLIER

16:00

17:00

18:00

19:00

20:00

Rendez-vous 2

21:00 Nuit de la pub

22:00

23:00

www.administration-ma-ville.fr [RSS] C Q

Formulaire de demande de passeport

Ce document est un modèle pour vous aider à remplir le formulaire. Vous devez prendre l'original du formulaire dans votre mairie.

Télécharger le formulaire [pdf]

Pour télécharger le formulaire, vous devez avoir un compte.

Vous n'avez pas encore de compte : vous pouvez en créer un gratuitement.

Se connecter

Votre mail

Choisissez votre nom d'utilisateur

Choisissez votre mot de passe

Confirmez votre mot de passe

COMMUNIQUER À DISTANCE

 ❶

Je lis le document et je choisis la bonne réponse.

a. Pour télécharger le formulaire, je dois :
  1. avoir une carte de paiement.
  2. avoir un compte.
  3. avoir une carte d'identité.
b. Pour créer un compte, il faut :
  1. mon nom d'utilisateur et mon mot de passe.
  2. mon adresse mail, mon nom d'utilisateur et mon mot de passe.
  3. mon adresse mail et mon mot de passe.
c. Je dois confirmer :
  1. mon adresse mail.
  2. mon mot de passe.
  3. mon nom d'utilisateur.

 ❷

Un ami veut télécharger le formulaire de demande de passeport, mais il ne sait pas comment faire. Je lui explique.

Pour communiquer à distance (téléphone ou ordinateur)

décrocher ≠ raccrocher
taper étoile (*) / dièse (#)
appuyer sur la touche …
confirmer ≠ annuler
recharger
enregistrer

 ❸

Je dis à mon voisin ce qu'il doit faire pour chaque situation.

a. Pour recharger le téléphone : #1*55 66 97*
b. Pour confirmer l'appel : 1*
c. Pour écouter un message enregistré : *121#
d. Pour suivre le dossier : #code*333#

INTERAGIR AVEC L'ADMINISTRATION

 Piste 2 • 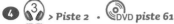 **DVD piste 61**

J'écoute le document et j'associe.

a. On tape 1 pour...
b. On tape 2 pour...
c. On tape 3 pour...

1. une attestation de naissance.
2. une carte d'identité, un passeport.
3. un permis de conduire.

5

J'observe les dessins et j'écris une phrase pour chaque situation. J'utilise les mots de l'encadré.

1. J'ai besoin d'un formulaire de demande de passeport car je dois partir à l'étranger.

> **Les documents administratifs**
>
> le formulaire   le passeport
> l'attestation   la carte d'identité
> le visa   le permis de conduire

6 **Piste 2** •  **DVD piste 61**

J'écoute encore le document et je choisis la bonne réponse.

a. La femme a perdu :
   1. sa carte d'identité.   2. son passeport.
   3. son permis de conduire.
b. Elle appelle les services :
   1. d'une ambassade.   2. d'une préfecture.
   3. d'une mairie.
c. Elle doit :
   1. prendre un formulaire à la mairie.
   2. faire une demande au consulat.
   3. télécharger le formulaire sur le site de la préfecture.

7

Je suis en France. J'ai besoin de documents. J'associe les documents aux lieux de l'encadré.

> **Les lieux administratifs**
>
> l'ambassade / le consulat
> la préfecture / la mairie

8

Je lis ce message sur un forum et je réponds.

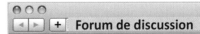

○○○	
◄ ► +	**Forum de discussion**

> Bonjour, je voudrais visiter ton pays. J'ai besoin de quels papiers ? Je peux les avoir où ?
> Erwan

9

Top, action !

Grammaire

Le gérondif

J'ai perdu la tête en écrivant à Louisette.

• On utilise le gérondif pour :
– exprimer la **manière**.
Enregistrez vos documents en appuyant sur « ctrl + s ».
– dire que **deux actions** se font en même temps.
Je lis mes messages en écoutant la radio.

• **Formation :**
« en » + 1re personne du pluriel du présent + « -ant ».
– Parler : *nous parl-ons* → *en parlant.*
– Faire : *nous fais-ons* → *en faisant.*

Attention !
Être → *en étant.*
Avoir → *en ayant.*

Je lis les phrases et je les classe.
a. Effacez le message en appuyant sur la touche dièse.
b. Marion remplit le formulaire en parlant avec sa voisine.
c. Émile a perdu son passeport en allant à l'aéroport.
d. La mairie confirme une demande de passeport en envoyant un texto.

1. Les actions se passent en même temps.
   → Phrase(s) : …
2. On exprime la manière.
   → Phrase(s) : …

Avec mon voisin, on décrit les situations.

J'écris comment les étudiants peuvent s'inscrire à l'université.
On peut s'inscrire à l'université quand on va sur Internet.
→ *On peut s'inscrire à l'université en allant sur Internet.*
a. Les étudiants peuvent s'inscrire quand ils se connectent sur le site de l'université.
b. Ils peuvent remplir leur demande d'inscription quand ils téléchargent le formulaire.
c. Ils reçoivent la confirmation de leur demande quand ils envoient le formulaire.
d. Ils payent leur inscription quand ils se présentent à l'université.

4.

Je raconte ma journée. J'utilise un gérondif pour chaque action.
Aller sur Internet
→ *J'écoute de la musique en allant sur Internet.*
aller au travail – faire des recherches sur Internet – écrire un mail – rentrer à la maison – faire des courses – lire un livre…

Les adjectifs (*tout, tous, toute, toutes, chaque, plusieurs, quelques*)

Il me téléphone tous les jours, du lundi au vendredi, et le week-end aussi !

• On utilise « tout », « tous », « toute », « toutes » + article + nom :
– pour exprimer une idée de **totalité**.
On trouve tous les formulaires sur Internet.
– pour parler d'une **répétition**.
Il lit ses messages tous les soirs.

Attention !
« Tout » s'accorde avec le nom : *tout le temps, tous les jours, toute l'année, toutes les heures.*

• « Chaque » + nom au singulier = « tous les ».
Chaque ordinateur est connecté.
= *Tous les ordinateurs sont connectés.*
• On utilise « plusieurs » + nom pour indiquer une **quantité non précisée**.
Plusieurs mairies sont ouvertes le samedi matin.
• On utilise « quelques » + nom pour indiquer une **petite quantité**.
– *Il y a beaucoup de monde à la préfecture ?*
– *Non, seulement quelques personnes.*

5. **> Piste 3**

J'écoute les phrases et je les classe.

a. Totalité   → Phrase(s) : ...

b. Répétition   → Phrase(s) : ...

c. Quantité non précisée → Phrase(s) : ...

d. Petite quantité   → Phrase(s) : ...

6.

Je complète les titres de journaux avec *tout*, *tous*, *toute*, *toutes*.

a. Rencontre du maire avec ... les habitants du quartier.

b. Fermeture de la préfecture ... les jours pendant ... les vacances.

c. Réunion avec l'association ... les lundis à 9 heures.

d. Le consulat est ouvert ... la semaine et aussi pendant le week-end.

e. Il part au Québec pendant ... le mois d'août.

7.

Je choisis l'adjectif qui convient.

a. J'attends mon nouveau passeport depuis *plusieurs* / *quelques* jours ; j'espère qu'il va bientôt arriver.

b. Aujourd'hui, avec Internet, tout est plus rapide. Il ne faut que *plusieurs* / *quelques* minutes pour acheter et télécharger de la musique.

c. Pour allumer mon ordinateur, je n'ai pas besoin d'appuyer sur *plusieurs* / *quelques* touches.

d. C'est difficile de se connecter à Internet, ici. Il faut toujours essayer *plusieurs* / *quelques* fois.

8. 🗨

J'explique à mon voisin pourquoi je me sers d'Internet. J'utilise les adjectifs *tous*, *chaque*, *quelques*, *plusieurs*.

Je vais sur Internet parce que je trouve toujours quelques bonnes idées de voyage.

Phonétique

Les consonnes [ʃ], [ʒ] et [j]

Pour écrire les sons [ʃ], [ʒ] et [j], j'utilise plusieurs lettres.

• [ʃ] → ch, sh (mots anglais)

achat – touche – short

• [ʒ] → j, g (+ e, i, y)

journée – bonjour – général – étranger – original – gymnastique

• [j]

→ consonne + « -ill »

famille – habiller – gentille

→ voyelle + « -il » ou « -ill »

travail(le) – réveil(le)

→ voyelle + « -y » + voyelle

payer – appuyer – envoyer – voyage

Attention !

mille [mil] – *mail* [mɛl]

1.  **> Piste 4 · DVD piste 62**

J'écoute et je note si j'entends [ʃ] ou [ʒ].

	[ʃ]	[ʒ]
Jacques a dit : « Joue ! »	–	✓
Jacques a dit : « Cherche ! »	✓	–

2.

Je lis les phrases.

a. Jean **ch**er**ch**e un travail.

b. Julie **ch**ange de voya**g**e.

c. Jérôme télé**ch**ar**g**e un lo**g**iciel.

d. **Ch**arles re**ch**ar**g**e son portable.

e. L'a**g**ence a **ch**ang**é** de mail.

f. **Ch**arlotte enre**g**istre un messa**g**e ur**g**ent.

3.  **> Piste 5 · DVD piste 63**

J'écoute et je répète les phrases.

a. C'est Mir**eill**e à l'appar**eil** !

b. Voici ma f**ill**e Bert**ill**e !

c. On trav**aill**e à Bl**ay**e !

d. Le sol**eil** br**ill**e à Hend**ay**e !

e. Je me rév**eill**e à Mars**eill**e !

f. Tapez, app**uy**ez et env**oy**ez le message !

De : Danielle
À : ☺ Moi
Objet : Cotonou

Bonjour,
C'est Danielle Royer. On s'est rencontrés à Cotonou, tu te souviens ?
Tu m'as dit « Je veux travailler au Québec ! » alors j'ai une proposition
pour toi à l'université Laval. Appelle-moi cette semaine au 450-933-
2138, car j'ai plusieurs choses à te demander. Renseigne-toi sur les
papiers qu'il faut pour venir ici. Je crois qu'il faut un visa, mais je ne
suis pas sûre. En attendant, je te souhaite une très bonne journée.
À bientôt.
Danielle

Projet de départ

1 Rendez-vous

➡ *Consulter ses mails*

①

Je veux lire mes messages. Je complète la page d'accueil pour me connecter à mon compte.

②

Je lis le mail de Danielle et je note :

a. son numéro de téléphone.
b. ce qu'elle me demande de faire.

③

Avec Marie, on parle des papiers administratifs qui sont nécessaires pour aller au Canada.

➡ *Prendre un rendez-vous administratif*

④ 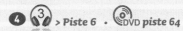 **3** **> Piste 6** • **DVD piste 64**

J'appelle le consulat du Canada pour avoir des renseignements. J'écoute le message enregistré. Je note le nom du site et les documents qu'il faut.

⑤

J'envoie un mail au consulat pour avoir des renseignements sur les documents nécessaires et je prends un rendez-vous.

⑥

Avec Marie, on parle des documents qu'un étudiant étranger doit avoir pour venir en France. Je joue la scène avec mon voisin.

Faire la liste des documents administratifs pour partir à l'étranger

Étape 1 : En petits groupes, on choisit un pays où on voudrait aller travailler pendant trois mois.

Étape 2 : Chaque groupe cherche les documents qu'il faut pour aller dans le pays choisi.

Étape 3 : Ensemble, on crée pour la classe une fiche modèle qui indique tous les documents nécessaires et les informations à donner.

Étape 4 : Chaque groupe remplit une fiche.

Étape 5 : On présente toutes les fiches à la classe et on les compare.

Comprendre la publicité
Conférence de Marcel Duplan
(Professeur agrégé)

Mardi à 16 h 00 – Salle 01

DÉCRIRE UN DOCUMENT PUBLICITAIRE

❶ **> Piste 7** • **DVD piste 65**

J'écoute la conférence de Marcel Duplan et je note les éléments importants pour créer une bonne publicité.

❷

J'observe la publicité « Guerlain ». Avec mon voisin, on parle de cette publicité. On utilise les conseils de Marcel Duplan.

GUERLAIN
HOMME

POUR L'ANIMAL QUI DORT EN VOUS

> **Pour décrire une publicité (une pub)**
>
> • *Un slogan : un texte court et « choc ».*
> • *Un logo : le symbole de la marque.*
>
> • *Au premier plan = devant*
> • *À l'arrière-plan = derrière*
> • *Horizontal =* ▬▬ *Vertical =* |
>
> **Rappel :** en haut
> à gauche   au centre = au milieu   à droite
>   en bas   au coin

❸

J'associe un slogan à une marque.

Slogan	Marque
a. Créateur d'automobile.	**1.** Train (TGV, SNCF)
b. Faire du ciel le plus bel endroit de la terre.	**2.** Chaussures de sport (Adidas)
c. Les nouveaux commerçants.	**3.** Compagnie aérienne (Air France)
d. La victoire est en nous.	**4.** Supermarché (U)
e. Prenez le temps d'aller vite.	**5.** Voiture (Renault)

❹

En petits groupes, on crée une publicité pour l'école de langue.

EXPRIMER UNE HYPOTHÈSE

❺ **> Piste 7** • **DVD piste 65**

J'écoute encore la conférence et j'écris les trois hypothèses proposées par Marcel Duplan.

Si vous aimez ce produit, c'est...

❻

Les trois hypothèses de l'activité 5 n'expriment pas la même chose. Je choisis la bonne réponse.

	Hypothèses		
	1	2	3
a. Une possibilité	...	...	...
b. Un conseil, une proposition	...	...	...

> **Exprimer une hypothèse**
>
> • *Pour faire des projets, exprimer une possibilité :*
> **Si** la publicité est efficace, nous aurons beaucoup de commandes.
> • *Pour donner un conseil, faire une proposition :*
> **Si** le rouge ne va pas, mets du bleu.

❼

Avec mon voisin, on parle de nos prochaines vacances. On propose des lieux et des activités. On fait des hypothèses.

Si tu vas à Rio...

Grammaire

L'hypothèse (si + présent)

Si nous allons à Québec, nous verrons le festival d'été !

• Pour exprimer une hypothèse, on peut utiliser la forme **« si »** + **présent**.

• « Si » + présent est suivi d'une phrase
– au présent :
Si je travaille avec vous, on fait cette affiche.
– à l'impératif :
Si tu aimes les films publicitaires, viens avec moi !
– au futur proche :
Si elles travaillent avec Pierre, elles vont s'amuser.
– au futur simple :
Si on finit ce travail, on partira au Brésil.

Attention !

• On peut changer l'ordre des phrases.
On partira au Brésil, si on finit ce travail.

• « si » + « il » = « s'il » : *S'il part, moi aussi !*

1.

J'associe pour faire des phrases.

a. Si tu pars maintenant,
b. Si je gagne à la loterie,
c. S'il organise une soirée,
d. Si vous faites du sport,
e. Si tu veux ce parfum,

1. nous danserons toute la nuit.
2. achète-le !
3. vous allez perdre du poids.
4. tu arriveras tôt chez moi.
5. je dépense tout !

2. **> Piste 8**

J'écoute et je classe les hypothèses.

a. Au présent : …
b. À l'impératif : …
c. Au futur ou au futur proche : …

3.

Je regarde les photos. Avec mon voisin, je fais des hypothèses.

Si j'achète un scooter,...

4. **> Piste 9**

Vrai ou faux ? J'écoute le dialogue et je réponds.

a. L'homme propose de partir en vacances au Québec.
b. Ils pourront acheter la voiture avant de partir en vacances.
c. Ils veulent rester au Québec pendant un an.
d. La femme veut réserver pour voir tous les films du festival.

5.

Avec des si...

Le pronom relatif *dont*

C'est l'affiche dont je parle dans ma présentation.

On utilise le pronom relatif « dont » **pour ne pas répéter** un COD introduit par « de ».

• *J'ai acheté un parfum. J'adore la publicité de ce parfum.*
→ *J'ai acheté un parfum dont j'adore la publicité.*
• *Nous visitons Madrid. On parle souvent de Madrid.*
→ *Nous visitons Madrid dont on parle souvent.*

6.

Je lis les phrases et j'écris le mot ou le groupe de mots remplacé par *dont*.

a. J'aime beaucoup la publicité *dont* tu me parles !

b. J'ai vu le film *dont* tu as l'affiche dans ta chambre.

c. C'est une information *dont* Marie est sûre.

d. Je lui ai acheté les vêtements *dont* il a besoin.

e. En France, il y a eu l'exposition « Jean Nouvel » *dont* tout le monde se souvient.

f. Marc travaille dans une société *dont* Jean-Paul Balmonda est propriétaire.

7. **> Piste 10**

J'écoute et j'écris les verbes que j'entends.

a. avoir besoin de

b. s'occuper de

c. parler de

d. être amoureux de

e. avoir envie de

f. être sûr de

g. s'excuser de

h. manquer de

i. se souvenir de

8.

Pour éviter la répétition, je relie les deux phrases avec *dont*.

Tu regardes la fille. Je suis l'ami de cette fille.

➔ *Tu regardes la fille dont je suis l'ami.*

a. Je dois acheter ce livre. J'ai besoin de ce livre.

b. Le pull rouge est original. J'ai envie du pull rouge.

c. Tu connais l'actrice Monique Birtille. Pierre est le fils de Monique Birtille.

d. Ce soir, à la télé, il y a un film policier. Hier, j'ai discuté de ce film avec Fabrice.

9.

Avec mon voisin, on imagine quatre slogans. On utilise les verbes de l'activité 7 et le pronom *dont*.

Peugeot, la voiture dont vous avez envie !

Les consonnes [p] et [b]

Pour écrire les sons [p] et [b], j'utilise :

• [p] ➔ p, pp   *publicité – stop – apprendre*

• [b] ➔ b, bb (très rare)   *beau – habiter*

Attention !

Le [p] ne se prononce pas toujours.

trop – beaucoup – compter – sculpture

1. **> Piste 11** · 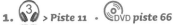 **DVD piste 66**

J'écoute et je complète les mots avec « p » si j'entends [p] ou « b » si j'entends [b].

a. ...oire

...oire

b. ...elle

...elle

c. un ...on ...ain

un ...on ...ain

d. le ...etit ...ois

le ...etit ...ois

2.

Je lis les phrases et je répète de plus en plus vite.

a. Mon **p**a**p**y est **b**ar**b**u et ne **b**oit que du jus de **p**oire.

b. **B**éa **p**orte une **b**elle **b**ague **b**leue **p**our **p**laire à **P**aul.

c. **P**atrick est **p**arti à **B**ordeaux pour un **b**oulot dans la **p**u**b**licité.

Les consonnes [f] et [v]

Pour écrire les sons [f] et [v], j'utilise plusieurs lettres.

• [f] ➔ f, ff, ph   *conférence – affiche – photo*

• [v] ➔ v, w (rare)   *vivre – rêve – interviewer*

Attention !

Le [f] ne se prononce pas toujours.

des œufs – un chef-d'œuvre

3.  **> Piste 12** · **DVD piste 67**

J'écoute et je complète les mots avec « f » si j'entends [f] ou « v » si j'entends [v].

a. en...in   **b.** re...ue   **c.** elles ...ont bien   **d.** c'est ...rais

en ...ain   re...us   elles ...ont bien   c'est ...rai

4.

Je lis et je fais de nouvelles phrases.

Négatif ➔ Fabrice est négatif, mais Virginie, elle, n'est pas négative.

positif – vif – sportif – actif – pensif

➡ *Se documenter sur un événement*

❶ 🔍

À Montpellier, avec Marie, on lit l'édito qui présente la « Nuit de la pub ». Je prends des notes sur les nouveautés et le prochain festival.

❷ 💬

Avec Marie, on parle de notre publicité préférée (produit, image, slogan, logo).

❸ 💬

Olga doit venir. Elle n'est pas encore arrivée et elle ne répond pas au téléphone. Avec Marie, on fait des hypothèses sur son retard.

ÉDITO

Chers amis de la pub,

Cette année, Montpellier est notre ville d'accueil. Nous remercions monsieur le maire et le palais des congrès.

Si la publicité change très vite, notre festival change aussi. C'est pourquoi nous avons créé de nouvelles catégories pour cette nouvelle édition comme le prix « du meilleur slogan », « de la meilleure image choc » et « de la meilleure publicité non commerciale ».
L'année prochaine, si tout va bien, nous serons à Montréal parce que ce festival est international et francophone : on peut donc présenter toutes les publicités en français.
Et n'oubliez pas, c'est vous qui allez voter pour la catégorie « Prix du public ».

Je vous souhaite un bon festival.

Le président
Benoît Franquebalme

➡ *Assister à un événement culturel*

4 🎧 ③ ▸ *Piste 13* • 💿 DVD *piste 68*

J'écoute et je note les qualités et les caractéristiques de l'affiche choisie.

5

Avec Marie, on choisit une des deux affiches. On donne notre opinion sur les éléments principaux de la publicité.

Moi, j'aime bien l'affiche... parce que...

1

2

Créer des affiches publicitaires

Étape 1 : En petits groupes, on choisit un produit réel ou imaginaire. On définit les qualités de notre produit et les clients possibles.

Étape 2 : Pour l'affiche, on trouve le slogan, les couleurs et l'image.

Étape 3 : On crée notre affiche publicitaire et on la présente à la classe.

Étape 4 : La classe vote pour les trois meilleures affiches publicitaires.

Culture *Vidéo*

Pour voir la publicité *Orange*, tapez « publicité », « Orange », « les mots » dans votre moteur de recherche.

La publicité à la télévision française

La publicité de marque est autorisée à la télévision française depuis le 1ᵉʳ octobre 1968 sur la première chaîne de l'ORTF (Office de radiodiffusion télévision française). Elle n'apparaît qu'en 1971 sur la deuxième chaîne et qu'en 1983 sur la troisième chaîne. Pour réaliser les spots, la RFP (Régie française de publicité) est créée en 1969, mais disparaît en 1993. Aujourd'hui, la publicité est contrôlée par le CSA (Conseil supérieur de l'audiovisuel) et obéit à des règles. Les spots publicitaires sont devenus de véritables petits films, avec de vrais scénarios.

1 **Lisez.**
Qu'est-ce que c'est ?
Mimez les mots.

un combat

un cri une rencontre une claque

un coup de tête une envie une vague

2 **Regardez.**
Dans quel ordre ?
Retrouvez l'ordre des images.

a. n° ☐ Une femme enceinte mange des fraises, puis un homme pousse quelqu'un dans une piscine.
b. n° ☐ Une femme se fait mal au pied, puis un bébé crie.
c. n° ☐ Deux hommes boxent sur un ring, puis une femme recommence à marcher.
d. n° ☐ Des enfants jouent dans les vagues, puis des spectateurs font une vague géante.
e. n° ☐ Une femme donne une claque à un homme, puis deux hommes regardent un tableau.
f. n° ☐ Un homme saigne du nez, puis une femme pose ses valises sur le sable.
g. n° ☐ Des hommes se disputent, puis un chasseur baisse son fusil devant un animal sauvage (un cerf).

3 **Regardez et écoutez.**
Quelle est la signification ?
Associez les images et les mots.

a. un cri b. une claque c. un combat d. une envie e. une vague

`1`

`3`

`4`

`2`

`5`

PUB À DOUBLE SENS !

Regardez.

4 *Quel slogan ?*

Retrouvez le slogan de cette publicité.

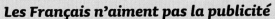

| réalités | un | peut | mot | recouvrir | même | plusieurs |

Regardez.

5 *Pour quel produit ?*

Faites des hypothèses sur le produit proposé dans ce spot publicitaire.

Les Français n'aiment pas la publicité

De tous les pays du monde, c'est la France qui aime le moins la publicité. Seuls 35 % des Français pensent que le message publicitaire donne une information utile.

>> Et chez vous ?

Exprimez-vous.

6 *Une publicité efficace ?*

Cette publicité est-elle pour vous une bonne publicité ? Expliquez. Discutez en petits groupes.

La publicité sur Internet

En France, la publicité en ligne a enregistré un chiffre d'affaires de 1,14 milliard d'euros en 2010. La télévision, la téléphonie et le voyage sont les secteurs les plus actifs pour l'ePub.

>> Et vous, regardez-vous les publicités sur Internet ?

Jour 8

A2+

Rendez-vous 1

à découvrir
- Décrire son parcours professionnel
- Exprimer une obligation / une interdiction
- Exprimer un souhait / un espoir

à savoir, à prononcer
- La formation du subjonctif présent
- L'obligation, l'interdiction (*il est nécessaire que / il ne faut pas que… + subjonctif*)
- Le souhait, l'espoir (*je souhaite que / j'aimerais que… + subjonctif*)
- L'accent d'insistance et l'intonation expressive (obligation et souhait)

à faire
Proposer des services « gratuits »

Rendez-vous 2

à découvrir
- Parler d'une relation sentimentale
- Exprimer des projets de vie

à savoir, à prononcer
- Le conditionnel présent
- Les pronoms interrogatifs composés
- La consonne [R]

à faire
S'installer à l'étranger

Culture Vidéo

Le système éducatif

08:00

09:00

10:00

13:

Rendez-vous 1
14:00 **Un petit boulot**

15:00

QUÉBEC

16:00

17:00

18:00

Rendez-vous 2

 19:00 Nouvelle vie ?

20:00

21:00

22:00

23:00

3

Emplois et jobs

1. Vendeur / Vendeuse en vêtements

> POUR NOTRE BOUTIQUE HOMME/FEMME, NOUS RECHERCHONS UN VENDEUR/UNE VENDEUSE POUR LE CONSEIL ET LA VENTE.
Lieu : 92400 – COURBEVOIE.
> CONTRAT À DURÉE INDÉTERMINÉE.
Expérience : de 1 à 2 ans au moins.
Adresser votre CV et une lettre de motivation par mail à :
ACTIJOB – Laure Decan
lauredecan@actijob.com

2. Vendeur / Vendeuse en chocolaterie

> POUR VENDRE LES PRODUITS ET S'OCCUPER DE LA CAISSE.
Lieu : 93000 – BOBIGNY.
> DURÉE DU CONTRAT : 2 MOIS (JUILLET/AOÛT).
Expérience : de 1 à 4 ans chez un chocolatier.
Formation : BAC+2 COMMERCE.
Langue : anglais.
Transmettez votre candidature (CV et lettre de motivation) par mail à :
www2.pole-emploi.fr/espacecandidat/nicola

3. Vendeur / Vendeuse produits pour femmes

> ACCUEIL ET VENTE / QUALITÉS RELATIONNELLES OBLIGATOIRES.
Formation professionnelle possible.
Lieu : 78000 – VERSAILLES.
> CONTRAT DE 6 MOIS.
Expérience : minimum de 6 mois dans la vente.
Durée hebdomadaire de travail : 37 h 30 (du mardi au samedi, de 10 h 30 à 19 h 30).
CV et lettre de motivation à :
Mathieu MENIN
11, avenue Victor-Hugo, 75016 Paris

4. Chauffeur personnel

> DURÉE DU CONTRAT : 4 MOIS.
Expérience : débutant accepté.
Langue : russe courant.
Permis B – Voiture souhaitée.
Adresser votre CV et une lettre de motivation par mail à :
ARMEN PLUS
job@armenplus.ru

5. Concierge

Société Vigny – www.vigny.eu – Bruxelles (Belgique)
> **Durée du contrat :** indéterminée.
> Nous recherchons un(e) concierge pour une association culturelle dans le quartier européen. Il/elle devra :
– parler français et si possible avoir de bonnes bases d'anglais,
– avoir une bonne présentation,
– savoir entretenir une maison,
– avoir le permis de conduire,
– réaliser des travaux de jardinage.
Merci d'envoyer votre candidature (CV, lettre manuscrite et photo) à :
Marie Lefèvre, Société Vigny, 42 rue du Taciturne, 1000 Bruxelles

6. Serveur / Serveuse

Café bistrot – Québec, Montréal (Région de)
> Recherchons personnes dynamiques pour travailler dans un environnement chic.
Sont demandés :
– chemisier blanc, pantalon noir,
– bonne communication.
> Contrat à durée indéterminée.
Pour le travail au bar à sandwichs, il faut :
– préparer et servir les repas du bistrot,
– respecter les normes de propreté.
Expérience en restauration souhaitée.
Envoyer votre candidature par mail à :
www.jobboom.com

DÉCRIRE SON PARCOURS PROFESSIONNEL

1

Avec mon voisin, on lit les offres d'emploi et on répond aux questions.

a. Pour quelle offre d'emploi demande-t-on un diplôme ?

b. Pour quel travail faut-il parler une langue étrangère ?

c. Quelles offres d'emploi ne demandent pas d'expérience professionnelle ?

d. Les offres d'emploi pour être concierge et chauffeur demandent une même compétence. Laquelle ?

> *Dans un **CV** (curriculum vitæ), on trouve :*
> • *l'identité, l'adresse postale et électronique ;*
> • *les expériences professionnelles ;*
> • *les diplômes et les formations ;*
> • *les informations personnelles :*
>   – *les langues parlées,*
>   – *les loisirs,*
>   – *le permis de conduire,*
>   – *les connaissances informatiques…*

 # Un petit boulot

 1 Rendez-vous

 jour 8

---

2 **> Piste 31 • DVD piste 69**

J'écoute le dialogue entre Martine et Manuel et je dis quels sont les problèmes de Manuel.

b) Je note par quel moyen il peut envoyer sa candidature.

3

a) Je choisis une offre d'emploi pour mon voisin. J'explique les raisons de mon choix à la classe.

- Les compétences.
- L'expérience professionnelle...

4

J'écris les parties « expériences professionnelles » et « informations personnelles » de mon CV.

EXPRIMER UNE OBLIGATION / UNE INTERDICTION

5 **> Piste 31 • DVD piste 69**

J'écoute encore le dialogue et je note les expressions entendues.

a. il faut
b. il est nécessaire
c. c'est une nécessité
d. c'est obligatoire
e. on ne peut pas
f. ce n'est pas possible
g. c'est impossible
h. c'est interdit
i. il faudrait

6

Avec mon voisin, je choisis deux offres d'emploi (page 132) et je note les éléments nécessaires pour être un bon candidat.

Pour l'offre n° 1, une expérience de vendeur de 1 à 2 ans minimum est nécessaire.

C'est obligatoire. → C'est une obligation.
C'est interdit. → C'est une interdiction.
C'est nécessaire. → C'est une nécessité.
C'est impossible. → C'est une impossibilité.

7

Je cherche un employé pour travailler au bureau (secrétaire, assistant...) ou chez moi (chauffeur, jardinier...). J'envoie un message pour décrire la personne recherchée.

Salut, je cherche...
Pour cette personne, il faut... Il est nécessaire que...
Elle ne doit pas... C'est impossible...

• **Un emploi**
À l'oral → **un boulot** = un job

• **Un petit boulot** = un emploi pour une courte période, pour des vacances...

EXPRIMER UN SOUHAIT / UN ESPOIR

8 **> Piste 31 • DVD piste 69**

Vrai ou faux ? J'écoute encore le dialogue entre Martine et Manuel. Avec mon voisin, on lit les phrases, on répond et on explique pourquoi.

a. Manuel espère trouver un travail dans le journal.
b. Manuel voudrait un travail pour gagner beaucoup d'argent.
c. Martine veut écrire le CV de Manuel.

9 **> Piste 32 • DVD piste 70**

J'écoute les quatre messages et j'écris les expressions du souhait et de l'espoir.

10

Ça veut dire quoi ?

• **Pour le souhait**
j'aimerais, je voudrais, je souhaite...
• **Pour l'espoir**
j'espère...

La formation du subjonctif présent

Il faut que nous parlions de ton CV, mais il faut d'abord que tu trouves une petite annonce !

- On utilise le **subjonctif** après des expressions comme « il faut que » ou « il est nécessaire que ». *Il faut que tu cherches un autre boulot.*

- **Formation :** à partir de la 3ᵉ personne du pluriel du **présent** de l'indicatif.
- Ils **parl**ent

→ parl- + « -e » → *que je parle*
+ « -es » → *que tu parles*
+ « -e » → *qu'il, elle, on parle*
+ « -ent » → *qu'ils, elles parlent*

Pour « nous » et « vous », on utilise les formes de l'imparfait.

→ parl- + « -ions » → *que nous parlions*
+ « -iez » → *que vous parliez*

Attention !
Être → que je sois / que nous soyons.
Avoir → que j'aie / que nous ayons.
Faire → que je fasse / que nous fassions.

L'obligation, l'interdiction

– *Il faut que je sois là demain ?*
– *Oui, c'est obligatoire que nous soyons tous là !*

- On utilise le **subjonctif** avec les expressions de l'obligation ou de l'interdiction.
Il faut que tu parles français et anglais.
Il est nécessaire que ton CV soit précis.
Il est important que tu envoies ta lettre de motivation très vite.
Il ne faut pas que les étudiants utilisent le téléphone en classe.

Attention !
Avec « devoir », on utilise l'infinitif.
Je dois étudier le subjonctif.
= Il faut que j'étudie le subjonctif.

1.

Je choisis la bonne forme du verbe dans la liste. J'écris les phrases.

est – soit – restent – restaient – ayons – avions – regardes – regardiez – parlez – parliez

a. Il est nécessaire que le travail … intéressant pour moi.

b. Il faut que les employés … plus tard cette semaine.

c. Il faut que nous … une réponse rapide.

d. Il est nécessaire que vous … les annonces dans le journal.

e. Vous savez, dans votre CV, il faut que vous … de vos compétences.

2.

Vrai ou faux ? Je réponds.

a. « Tu manges » est une forme du subjonctif.

b. Pour trouver le subjonctif avec « vous », je dois connaître l'imparfait.

c. Je peux commencer une phrase avec un verbe au subjonctif.

d. Je suis libre d'utiliser le subjonctif à l'oral.

3.

Avec mon voisin, on écrit cinq obligations ou interdictions à respecter dans la rue.

4.

Pour chaque dessin, j'écris une phrase qui exprime une obligation ou une interdiction.

1

Phonétique

L'accent d'insistance et l'intonation expressive (obligation et souhait)

Pour exprimer l'obligation ou le souhait, et pour **insister**, on place un accent sur une ou deux syllabes.

→ Il *faut* que tu fasses ton CV !

Il faut *vraiment* que tu fasses ton CV !

→ J'aimerais *bien* que tu fasses ton CV !

J'aimerais *bien* que tu fasses ton CV *maintenant* !

5.

Je cherche un petit boulot pour les vacances, mais je ne sais pas comment faire. Mon voisin m'explique ce qu'il faut faire et ne pas faire. On joue la scène.

Le souhait, l'espoir

– *Vous souhaitez que votre chef soit sympa, c'est ça ?*

– *Oui, j'aimerais bien qu'il travaille aussi !*

• On utilise le **subjonctif** avec les expressions du souhait ou de l'espoir.

Je souhaite qu'il trouve vite un travail !

Vous aimeriez que votre chef soit absent ?

Elle voudrait que les offres d'emploi présentent aussi le salaire.

Attention !

Avec « espérer que », on utilise le présent, le passé composé, le futur simple ou le futur proche.

J'espère qu'il va bien.

J'espère que tu vas arrêter de travailler !

6.

J'écris une liste de souhaits ou d'espoirs :

a. pour l'année prochaine.
b. pour ma famille.
c. pour mon travail.
d. pour mon pays.

7.

Avec mon voisin, on parle de nos souhaits et de nos espoirs exprimés dans l'activité 6.

1.  **> Piste 33 • DVD piste 71**

J'écoute les phrases et je les classe.
Je repère l'accent d'insistance.

	Obligation	Souhait
Il faut *vraiment* que tu le fasses !	✓	–

2.  **> Piste 34 • DVD piste 72**

J'écoute et je répète les phrases.
Je marque l'accent d'insistance.

a.
C'est **fi**ni !
C'est **vrai**ment fini !
C'est **vrai**ment **com**plètement fini !

b.
Il **faut** que je rentre !
Il faut **ab**solument que je rentre !
Il faut **ab**solument que je rentre **maint**enant !

3. **> Piste 35 • DVD piste 73**

J'écoute et je joue les dialogues avec mon voisin.
On insiste sur l'obligation ou le souhait.

a. – Moi, je **vou**drais trouver un **bon** travail.
– Alors, il **faut** que tu rédiges un CV.

b. – J'aimerais **beau**coup travailler dans le tourisme.
– Alors, tu **dois** parler **plu**sieurs langues.

c. – Je **vou**drais voyager dans **plu**sieurs pays.
– Alors, il **faut** que tu sois **prêt** à quitter ton pays.

d. – **Sur**tout, j'aimerais **bien** avoir un travail intéressant.
– Alors, il **fau**dra que tu sois **très** patient.

➜ *Rechercher un petit boulot*

❶ 🎧 **3** ➤ *Piste 36* • 💿 *DVD piste 74*

J'écoute le message de Danielle Royer et je note les choses à faire.

❷ ✏️

J'envoie un mail à Olga et à Marie. Je raconte ma situation au Québec et j'explique les informations données par Danielle.

❸ ✏️

Je prépare un CV (une page maximum) pour trouver un petit boulot au Québec.

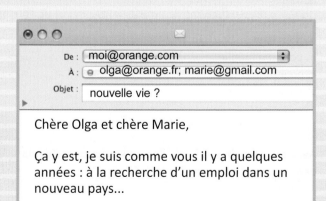

De : moi@orange.com

À : olga@orange.fr; marie@gmail.com

Objet : nouvelle vie ?

Chère Olga et chère Marie,

Ça y est, je suis comme vous il y a quelques années : à la recherche d'un emploi dans un nouveau pays...

Un petit boulot

1 Rendez-vous

jour 8

Se préparer à un entretien

4

**Je me connecte sur le site http://emploiquebec.net/guide/.
Je lis et je compare les conseils donnés avec ceux de mon pays.**

Quand un employeur vous appelle pour vous rencontrer :

▓ Demandez s'il y aura un examen ou un exercice écrit.

Quelques jours avant

▓ Préparez des vêtements classiques. Il est nécessaire de savoir comment les employés s'habillent dans l'entreprise où vous souhaitez travailler.

▓ Vous devez être sûr de savoir comment venir sur le lieu du rendez-vous et combien de temps il faudra pour y aller.

Au moment de l'entretien

▓ Soyez à l'heure. Il faudrait que vous arriviez cinq minutes avant l'entretien.

▓ Restez calme.

▓ Dites bonjour aux personnes présentes. Présentez-vous, saluez en serrant la main et faites un sourire.

▓ Laissez l'employeur diriger la rencontre. Regardez dans les yeux et répondez à toutes les questions. Prenez le temps de bien penser à vos réponses.

▓ Soyez dynamique. Parlez de manière positive et insistez sur vos points forts et vos compétences.

5

Je rencontre Danielle. Ensemble, on prépare mon entretien pour un petit boulot : ma motivation, mes souhaits. Je joue la scène avec mon voisin.

Proposer des services « gratuits »

Étape 1 : Chaque étudiant écrit son prénom et fait la liste de cinq services qu'il peut offrir. On affiche les listes au tableau.

Étape 2 : En petits groupes, on prépare une petite annonce pour demander un service gratuit. On la présente à la classe.

Étape 3 : Ensemble, on associe chaque demande à une offre de service.

Expériences de Français sur l'expatriation
par Murielle Robert

Je suis parti de France il y a 17 ans et j'ai rencontré Sabine, ma femme. Je suis tombé amoureux d'elle, alors je suis resté au Canada. Ici, c'est facile de s'installer ; tout le monde se tutoie. Et puis les gens parlent français ! On peut louer des appartements meublés dans des résidences avec une piscine et un centre de sport ou des cabanes québécoises dans la nature. À Québec, tout est grand et beau, mais les hivers sont longs et froids. Heureusement, les gens sont toujours gais et accueillants ! Si quelqu'un me demandait de choisir un pays pour y vivre, je dirais le Canada, c'est sûr ! Je pourrais même l'aider à s'installer !

Cédric, à Québec

C'était en 1997, ma petite amie voulait partir au Chili. Je ne voulais pas. Dans quelle ville aller ? Chez qui ? Pour quel travail ? Je n'étais pas prêt et peut-être pas assez amoureux pour vivre en couple. Alors, nous nous sommes séparés. Je suis resté seul pendant quelques mois. Puis j'ai trouvé un stage en Suède. J'ai adoré le pays et les gens. Mon travail, la vie culturelle, tout est super ici. Alors je suis resté. J'ai même acheté un studio dans le centre-ville avec un bon chauffage pour l'hiver. Et depuis un an, j'ai une relation sérieuse avec une Suédoise : nous vivons ensemble ! Si je devais choisir un ou deux mots pour définir les avantages de la vie ici, je dirais un cadre de vie fantastique.

Farid, à Malmö

Nous voulions vivre une aventure, mais laquelle ? Nous avons choisi le premier pays qui offrait un travail intéressant à mon mari Bernard : le Mexique. Tout était bien, nous avions tout pour être heureux : des amis, une belle maison, un bon travail... Mais c'était difficile pour notre couple. Beaucoup de temps passé au bureau pour Bernard et moi, je restais à la maison toute la journée. La famille nous manquait aussi. Lequel a voulu rentrer ? C'est lui, je crois. Maintenant, on aimerait aller en Italie, mais seulement pour les vacances. Il nous faudrait un appartement au bord de la mer. On inviterait nos amis et la famille.

Aline, à Rochefort-du-Gard

p. 16

Nouvelle vie ?

 2 Rendez-vous

PARLER D'UNE RELATION SENTIMENTALE

 1

Je lis deux témoignages et j'écris les mots qui définissent :

a. le type de relation : *ma femme,...*
b. les sentiments : *Je suis tombé amoureux d'elle,...*

> **Les relations sentimentales**
>
> *une relation amoureuse*
> *tomber amoureux de...*
> *être amoureux de...*
> *un petit ami = un petit copain*
> *une petite amie = une petite copine*
> *vivre avec quelqu'un = vivre en couple*
> *être ensemble ≠ être séparés*

2

J'écris les différentes étapes sentimentales de :

a. Cédric : *Au début de l'aventure, il est célibataire...*
b. Farid : *...*
c. Aline : *...*

> **Les salutations**
>
> *embrasser = faire la bise*
> *serrer la main*
> *tutoyer / se tutoyer (dire « tu » à quelqu'un)*
> *≠ vouvoyer / se vouvoyer (dire « vous » à quelqu'un)*

3  **> Piste 37 • DVD piste 75**

a) J'écoute les quatre personnes et je les associe aux dessins.

b) Pour chaque situation, je dis si les relations entre les personnes sont amicales, amoureuses ou professionnelles. J'explique pourquoi.

4

En petits groupes, on explique comment on salue nos amis, notre famille, notre petit ami et des personnes qu'on ne connaît pas.

5

Avec mon voisin, on raconte une relation amicale ou amoureuse.

Mes parents sont mariés depuis...

EXPRIMER DES PROJETS DE VIE

6

Je lis tous les témoignages et j'écris les avantages et les difficultés.

Sabine et Cédric habitent à Québec, au Canada. Les avantages sont...

7

Je choisis un témoignage et j'explique mon choix.

J'aime l'histoire de Farid parce que...

8

Une famille avec trois enfants, un couple sans enfants et une femme célibataire partent à l'étranger. Avec mon voisin, on imagine leurs choix.

- Dans quel pays ? - À quel endroit ?
- Dans quel logement ? - Pour quoi faire ?

> **L'immobilier**
>
> *s'installer dans... = emménager*
> *partir de... = déménager*
> *une résidence, une maison, un appartement,*
> *un studio, une cabane*
> *vide ≠ meublé*
> *la climatisation ≠ le chauffage*
> *une location, louer = payer un loyer*

Grammaire

Le conditionnel présent

Si nous avions beaucoup d'argent,
nous *pourrions* faire le tour
du monde. J'*écrirais* un journal
de voyage.

• On utilise le conditionnel pour :
– **conseiller** (voir page 28).
Tu pourrais demander des informations sur le pays.
– exprimer un **désir**, un **souhait**.
J'aimerais bien voyager plus souvent.
– faire des **hypothèses**.
Phrase avec « si » :
« si » + imparfait → conséquence au conditionnel
présent.
*Si j'étais très riche, je ferais le tour du monde en
bateau.*
• **Formation :**
à partir du futur simple + terminaisons de
l'imparfait (« -ais », « -ais », « -ait », « -ions »,
« -iez », « -aient »).
– Futur : *j'écrir-ai*
→ Conditionnel : *j'écrirais.*
– Futur : *nous ir-ons*
→ Conditionnel : *nous irions.*

1. **> Piste 38**

J'écoute les phrases et je les classe.

a. Conseil
→ Phrases … .
b. Désir, souhait
→ Phrases … .
c. Hypothèse
→ Phrases … .

2.

Je complète les phrases.

a. Pierre est timide. Il serait moins timide, il…
b. Mathilde a joué au Loto. Avec l'argent, elle…
c. Leila ne veut pas apprendre des langues étrangères.
Avec deux ou trois langues étrangères, elle…
d. Mes amis veulent partir en vacances. Avec beaucoup
d'argent, ils…

3.

J'observe les photos et j'écris des hypothèses.

4. **Si c'était possible…**

Les pronoms interrogatifs composés

*Pour quel projet ? Dans combien de temps ? Avec qui ?
Nous n'avons pas de réponse.*

• On emploie les pronoms interrogatifs composés
pour **préciser une question**.
• On peut utiliser les prépositions : *à, pour, avec,
dans, sur, chez…*
Tu veux travailler dans quel pays ?
• « Lequel » remplace un **nom**.
On l'utilise pour demander de choisir, de préciser :

	Masculin	Féminin
Singulier	lequel	laquelle
Pluriel	lesquels	lesquelles

– *Tu aimes ce pays ?*
– *Lequel ?*
• Avec la préposition « à » :
→ *auquel, à laquelle, auxquels, auxquelles.*
Il participera à une réunion, mais à laquelle ?

5.

J'associe un verbe à une ou plusieurs prépositions et j'écris une question.

parler / à ➜ *Tu parles à qui ?*

a. parler
b. écrire
c. s'installer
d. organiser
e. préparer
f. habiter
g. aller

1. à
2. pour
3. avec
4. dans
5. sur
6. chez

6.

J'associe les questions aux réponses.

a. Pour combien de temps voulez-vous partir ?
b. Avec qui ?
c. Pour quelle destination ?
d. Dans quelle ville ?
e. À qui pouvez-vous laisser votre appartement ?

1. Je pense que mon amie Martine pourra s'en occuper.
2. Élise part avec moi.
3. Trois mois.
4. Avec Élise, nous partons à Séville.
5. Nous avons choisi une grande ville en Espagne.

7.

Je demande des précisions. J'utilise *lequel, laquelle, lesquels* ou *lesquelles*.

– *J'habite dans une maison de ton quartier.*
– *Ah bon ? Dans laquelle ?*

a. Je fais du sport avec une amie de ton frère.
b. Nous passons toujours par des petites rues.
c. Il y a un musée qui présente une exposition sur Renoir.
d. Ils aiment les sportifs français.
e. Je participe aux activités culturelles.
f. Tu parles à cette famille.

8.

Je pose des questions à mon voisin. J'utilise des pronoms interrogatifs composés. Il me répond.

Phonétique

La consonne [R]

- Au début ou au milieu d'un mot, la consonne [R] se prononce.
rue – résidence – culturel – université
- À la fin d'un mot, la consonne [R] ne se prononce pas toujours.
➜ On prononce le [R] final.
mer – hiver – finir – partir – autre – transport
➜ On ne prononce pas le [R] final.
premier – habiter – parler – étranger

1.  **> Piste 39** • **DVD piste 76**

J'écoute les phrases et je retrouve la position du son [R].

	[R] au début du mot	[R] au milieu du mot	[R] à la fin du mot
C'est parfait !	–	✓	–

2.  **> Piste 40** • **DVD piste 77**

J'écoute et je répète les mots.

a. par – Paris – riz
b. pour – pourrais – raie
c. cour – courant – rang
d. char – charrue – rue
e. mer – mérou – roue

3.

Je lis les phrases. Je prononce ou non le [R].

a. Je voudrais vraiment vivre ailleurs !
b. M'installer au Québec était mon rêve depuis toujours !
c. L'hiver est rude, mais j'aime le froid !
d. Habiter à Montréal ne me dérangerait pas !
e. Si j'étais riche, je voyagerais pour découvrir le monde entier !
f. C'est mon premier et mon dernier cours avec ce professeur !

→ *Se détendre*

1 ✏

Danielle a acheté un magazine. Il y a un test psychologique. Je le fais.

Pour quelle vie êtes-vous fait ?

1 En groupe, je suis...
● ... toujours gai car j'aime être avec de nouvelles personnes.
▲ ... le chef, bien sûr !
■ ... prudent, car je n'aime pas parler de moi.

2 Quand je vais me promener, je...
▲ ... connais bien l'itinéraire et j'ai une carte.
● ... cherche un lieu que je ne connais pas.
■ ... pars marcher seul.

3 Pour mes moments de loisirs, je préfère...
■ ... passer une soirée en famille.
● ... pratiquer un nouveau sport avec des amis.
▲ ... assister à un concert ou visiter une exposition.

4 Je suis prêt à partir en week-end à l'étranger pour...
● ... voir de nouvelles personnes.
■ ... faire plaisir à quelqu'un.
▲ ... assister à une conférence internationale.

5 Ce qui m'intéresse, c'est :
● ... ma famille et mes amis.
▲ ... la rigueur, les situations difficiles.
■ ... les sentiments et les relations entre les personnes.

6 Un pays étranger, c'est surtout...
▲ ... des problèmes administratifs.
■ ... des lieux et des langues étrangers.
● ... des personnes à découvrir.

Vous avez répondu aux six questions de ce test. Découvrez votre psychologie.

+ de ● : *Vive les découvertes !*
Vous êtes fait pour l'aventure et l'expatriation. Vous êtes gai et original. Vous dites librement vos sentiments et vos idées.
Attention : restez attentif aux autres personnes et aux autres cultures.

+ de ▲ : *Partir oui, mais avec beaucoup d'informations et un travail qui me plaît.*
Vous pourriez partir à l'étranger, mais seulement si c'est simple. Vous êtes prudent et sérieux. Vous aimez organiser les choses et rencontrer des gens accueillants. Attention au choc culturel !

+ de ■ : *Mon pays, ma culture...*
Votre famille et votre région sont importantes et vous ne pouvez pas imaginer une vie dans un autre pays. Vivez tranquille.

Nouvelle vie ?

2 | Rendez-vous

2

Avec Danielle, on parle de l'importance d'une relation sentimentale et je raconte l'expérience d'un de mes amis.

À louer !
Dans une grande maison : une chambre à 330 $CAN par mois. Transports directs pour les universités et le centre de Québec. Grand jardin, cuisine, salon…
Écrivez à : jean.laron@ido.ca
Bienvenue à tous !

3

Avec Danielle, on lit les annonces immobilières et je choisis mon logement préféré. Je dis pourquoi.

3 pièces meublé, près des commerces et des transports. Grandes fenêtres neuves, chauffage neuf, climatisation en été.
Dans la résidence : centre de sport, piscine.
Loyer : 980 $CAN
Une visite ? Contactez le : 418 456-7545

Beau studio meublé
Chauffage neuf, près du centre de Québec, rue calme. TV, accès à Internet. Non-fumeur.
650 $CAN par mois. Libre à partir du 15 juillet.
Écrire au journal.
Annonce : 241375327

➡ Discuter de la vie au Québec

4 🖊

Je trouve un jeu dans le magazine. J'associe une expression québécoise à une expression française.

Au Québec
a. En masse.
b. À c't'heure / Asteure.
c. Pantoute ! / Pas-en-toute !
d. Tiguidou !
e. Prendre une marche.
f. C'est plate.

En France
1. Pas du tout !
2. Faire une balade à pied.
3. Beaucoup. / En grande quantité.
4. D'accord !
5. C'est ennuyant. / C'est ennuyeux.
6. Maintenant.

5 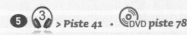 **> Piste 41** • **DVD piste 78**

J'écoute Danielle et je note ses conseils.

a. Je tutoie…
b. Je vouvoie…
c. J'embrasse…
d. Je serre la main à…
e. Je dis « bonjour » ou « salut » à…

S'installer à l'étranger

TÂCHE

Étape 1 : En petits groupes, on choisit un pays.

Étape 2 : On définit nos idées de vie (habitation, profession, relation sentimentale…).

Étape 3 : On trouve les activités sociales, culturelles et sportives que l'on veut faire dans ce pays.

Étape 4 : On présente notre projet de départ à l'étranger. On explique les difficultés et les avantages possibles.

Culture *Vidéo*

Le Printemps des Poètes

Cette manifestation existe depuis 1999. Chaque année, on choisit un thème : la ville en 2006, l'amour en 2007, « Éloge de l'Autre » en 2008, le rire en 2009, « Couleur femme » en 2010, « D'infinis paysages » en 2011. Tous les ans, au mois de mars, plus de 12 000 manifestations sont organisées, en France et au Québec.

>> Pour en savoir plus

Le site officiel français : http://www.printempsdespoetes.com/
Le site officiel québécois : http://printempsdespoetes.ca/

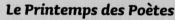

13ᵉ Printemps des Poètes | 7 > 21 Mars 2011

d'infinis paysages

printempsdespoetes.com

Regardez.

1 *Où et quoi ?*

Choisissez la bonne réponse.

a. Le lieu :
   1. une école maternelle.
   2. un collège.
   3. une université.

b. L'événement :
   1. un spectacle de théâtre.
   2. un festival de poésie.
   3. un concours de sciences.

Écoutez.

2 *Qui dit quoi ?*

Retrouvez les paroles de chaque collégien.

1   2   3   4

a. Ça fait imaginer, ça fait rêver. → ......
b. C'est bien quand on arrive le matin, ça nous change. → ......
c. Moi, je trouve ça vachement sympa... → ......
d. Je trouve que c'est très bien ! → ......
e. On a plein de choses autour de nous à découvrir. → ......
f. Ça fait penser, réfléchir. → ......
g. Avec tous les poèmes partout... ça permet de mieux découvrir la poésie. → ......
h. Ça donne un peu plus de gaieté. → ......

PRINTEMPS DES POÈTES

Regardez et écoutez.

❸ Quelle organisation ?

Lisez les phrases et corrigez les mots en gras.

a. Dès l'entrée du **lycée**, la poésie est présente.

b. Une salle **violette** a été créée pour l'occasion.

c. **Cent dix** personnes ont **écrit** un poème.

d. Frédérique Ghys, l'animatrice, demande aux collégiennes de lire le poème « un tout petit peu plus **vite** ».

e. Les élèves de **cinquième** vont présenter leur travail devant **le principal du collège**.

Écoutez.

❹ Dans quel but ?

Pour quelles raisons cette manifestation est-elle organisée au collège ?
Retrouvez les verbes du reportage.

a. découvrir
b. regarder
c. réfléchir
d. se concentrer
e. entendre
f. rêver
g. lire
h. dire
i. imaginer
j. écouter
k. parler
l. penser

Écoutez.

❺ Quel poème ?

Retrouvez l'ordre des vers de Raymond Queneau.

a. Fillette, ce que tu te goures

b. Et que leurs pétales soient la mer étale de tous les bonheurs

c. Allons cueille cueille si tu ne le fais pas

d. Ce que tu te goures fillette

e. Cueille les roses les roses roses de la vie

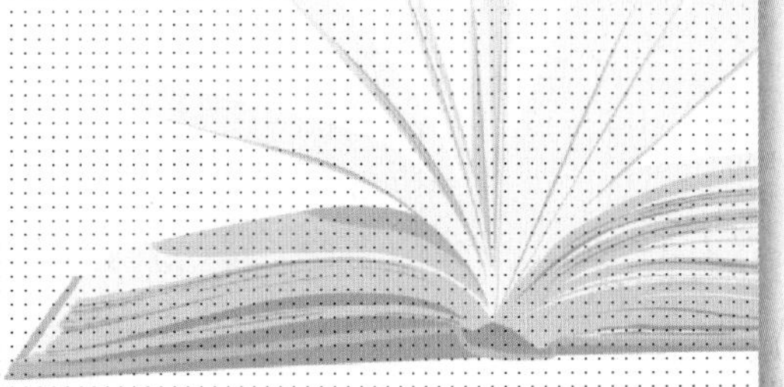

Raymond Queneau « Si tu t'imagines », *L'Instant fatal.* (Éditions Gallimard)

Exprimez-vous.

❻ Une manifestation unique ?

**Racontez une manifestation culturelle, ou un événement identique au « Printemps des Poètes »,
organisé dans les établissements scolaires de votre pays.**

Le collège en France

Le collège accueille sans examen tous les élèves à la fin de l'école primaire. Quatre années d'école sont obligatoires au collège : la sixième, la cinquième, la quatrième et la troisième. Les matières sont : le français, les mathématiques, une seconde langue vivante (anglais, allemand…), l'histoire-géographie, l'éducation civique, les sciences de la Vie et de la Terre, les sciences physiques, la technologie, les arts plastiques, l'éducation musicale, l'éducation physique et sportive. Certains collégiens choisissent d'étudier aussi le latin ou le grec.

>> Et chez vous ?

Jour 9

A2+

Rendez-vous 1

à découvrir
- Décrire un lieu
- Parler d'une relation amicale

à savoir, à prononcer
- Le plus-que-parfait
- La formation des adverbes en -ment
- Le [ə] et les marques du français familier

à faire
Écrire une histoire d'amitié

08:00

09:00

Rendez-vous 2

à découvrir
- Exprimer des sentiments
- Prendre une décision
- Écrire une lettre

à savoir, à prononcer
- l'expression du doute et de la peur (*je doute que / j'ai peur que* + subjonctif…)
- Les expressions temporelles (*depuis, il y a, jusqu'à, pendant*)
- L'intonation expressive des sentiments (doute, inquiétude, tristesse)

à faire
Imaginer un projet

13:00

Rendez-vous 1

14:00 **Mon ami québécois**

15:00

Culture Vidéo 📖

Les voyages

Évaluation A2+

16:00

Rendez-vous 2

17:00

Partir ou pas

18:00

19:00

20:00

21:00

22:00

23:00

Forum de discussion

Comment se faire des amis ?

Vous êtes souvent seul et vous n'avez pas beaucoup d'amis ? Vous êtes timide ou vous venez d'arriver dans une nouvelle ville ? Voici des conseils pour créer facilement des relations amicales.

Où rencontrer les autres ?

Tout d'abord, ne restez pas chez vous, sortez ! Vous pouvez rencontrer des personnes dans les associations, les clubs de sport ou les ateliers artistiques... Et si vous êtes trop timide, heureusement, il y a Internet !

Faites le premier pas!

On ne parle pas naturellement aux personnes qu'on ne connaît pas, c'est vrai, mais il faut essayer. Invitez vos voisins à la maison, pour manger des crêpes, par exemple. Et avec le temps, vous les connaîtrez mieux et vous partagerez des intérêts et des goûts communs.
Une connaissance peut devenir un copain, puis un ami.
Amicalement.

Donner son avis

DÉCRIRE UN LIEU

1 > *Piste 55* • DVD *piste 79*

J'écoute le dialogue et je choisis la bonne réponse.

a. Laure dit que Naples est une ville :
 1. laide.
 2. bruyante.
 3. triste.
b. Laure n'a pas aimé :
 1. les jardins.
 2. les grandes places.
 3. la circulation.
c. Laure s'intéresse beaucoup :
 1. à l'art.
 2. à l'histoire.
 3. aux plantes.

2 > *Piste 55* • DVD *piste 79*

J'écoute encore le dialogue et j'associe les mots et les dessins.

a. agréablement   **b.** vraiment   **c.** toujours   **d.** très

A. magnifique   **B.** bruyant   **C.** vivant   **D.** calme

3 ✏

Je décris mon quartier sur mon blog.

> **Pour décrire un lieu**
>
> sombre ≠ clair
> calme ≠ bruyant
> vivant
> agréable ≠ désagréable

> **Pour exprimer son intérêt pour un lieu**
>
> Je m'intéresse à…
> La ville m'intéresse.
> Ça m'intéresse.
> J'adore cette cathédrale !
> Ce voyage me plaît.
> Je préfère la mer à la montagne.

4 💬

Avec mon voisin, on parle des lieux de notre dernier voyage.

5 🌐

Où suis-je ?

PARLER D'UNE RELATION AMICALE

6 **> Piste 55** • 🎥 **DVD piste 79**

J'écoute encore le dialogue et je choisis les bonnes propositions.

Laure pense que Léonore peut devenir son amie parce qu'elles…

a … ont la même passion pour l'art, la musique et le cinéma.
b. … vont dans la même école.
c. … portent les mêmes vêtements.
d. … ont la même passion pour l'Italie.
e. … ont le même caractère.
f. … aiment la pizza.

7 ✏

Je veux trouver des amis sur Internet. Sur un forum, je décris mon caractère et je parle de mes passions.

8 🔍

Je lis la page du forum « Comment avoir des amis ? » et je propose d'autres idées pour trouver un ami.

9 💬

a) Avec mon voisin, on classe les mots du moins important au plus important.

a. un ami - une amie
b. une connaissance
c. un copain - une copine
d. mon meilleur ami - ma meilleure amie

b) J'écris avec qui je partage chaque situation.
1. Je parle de mes problèmes importants à…
2. Il / Elle déménage, j'aide…
3. Je reste des heures au téléphone avec…
4. Je vais au restaurant avec…

c) Je complète les phrases.
1. Pour moi un copain, c'est quelqu'un qui…
2. Pour moi un ami, c'est quelqu'un qui…

10 💬

Je raconte à mon voisin ma rencontre avec mon meilleur ami.

> **Pour commencer une histoire**
>
> Écoute…
> Tu sais pas…
> C'est l'histoire de…
> Alors, voilà…
> Je vais vous parler de…

> **Exprimer de l'intérêt pour une histoire**
>
> C'est vrai ?
> Ça alors !

Grammaire

Le plus-que-parfait

Il était arrivé au Portugal en 2001 ; il est reparti en 2005.

- On utilise le plus-que-parfait pour indiquer qu'une **action passée** a lieu **avant une autre action passée**.

Ils étaient partis quand je suis arrivé.

Plus-que-parfait ⟨ Passé composé / Imparfait — Présent — Futur

- **Formation :** « être » ou « avoir » à l'imparfait + participe passé.

Parler → *j'avais parlé.*
Finir → *j'avais fini.*
Faire → *j'avais fait.*

1.

Les trois messages sont mélangés. J'associe les phrases pour les relire.

J'étais rentré du travail depuis cinq minutes, quand ma mère m'a téléphoné.

a. J'avais décidé de rester tranquillement à la maison.

b. Nous n'avions pas fini de manger.

c. Ils étaient partis à l'étranger avec des copains.

1. Mes voisins ont frappé à la porte.

2. Leur meilleure amie a eu un accident.

3. Mes amis Sim et Léon sont venus chez moi.

2.

Je complète les phrases avec les verbes au plus-que-parfait.

a. Manou a lu le livre que son ami Roman lui … (conseiller).

b. M. Titette est allé au match de foot samedi soir ; il … (inviter) ses amis à manger.

c. Nous sommes allés à l'exposition où vous … (rencontrer) Marc et Sophie.

d. Alain m'a prêté le DVD que son ami Christian lui… (acheter).

3.

J'observe les dessins et je dis ce qui s'est passé. J'utilise un verbe au plus-que-parfait pour chaque situation.

4.

Je complète mon journal personnel. J'utilise le plus-que-parfait.

Quelle journée !

a. sac oublié

b. RDV Marcel oublié

Ce matin, je suis allé à la piscine. J'ai eu un problème. Plus tard, je suis allé à la fac. J'ai trouvé mon copain Marcel à la cafétéria, très en colère. Après des excuses, un café et un croissant, je suis allé en cours… pour rien : le professeur était malade. L'après-midi, je suis allé chez ma meilleure amie en bus. J'ai encore eu un problème. Quand je suis rentré, le frigo était vide. J'ai voulu ouvrir la dernière boîte de légumes.

c. ticket de bus laissé à la maison

d. frère déjà mangé avant moi

La formation des adverbes en -ment

C'est vraiment une bonne idée !

- On utilise les adverbes en « -ment » pour exprimer la manière.
- **Formation :**

en général, adjectif au **féminin** + « -ment ».

seule → *seulement*

première → *premièrement*

Attention !

Quand l'adjectif au masculin se termine par « -i », « -é », « -u » → adjectif au **masculin** + « -ment ».

vrai → *vraiment*

Phonétique

Le [ə] et les marques du français familier

À l'oral, le [ə] n'est pas toujours prononcé.

- Il est **souvent prononcé** au début d'une phrase.

Le chat dort dans son panier.

Ne dis pas ça !

Ce soir, on sort avec des amis québécois.

- Au **milieu du mot**, il est prononcé ou non.

→ En général, il n'est **pas prononcé**, si avant le [ə], on entend une seule consonne.

samedi – la semaine prochaine – je vais le faire

→ Il est **toujours prononcé**, si avant le [ə], on entend plusieurs consonnes.

mercredi – cette semaine – pour demain

- À la **fin d'un mot**, il n'est pas prononcé, sauf à l'impératif.

une école – un livre – seule – un musée – Italie

Fais-le ! – Dis-le !

5. **> Piste 56**

J'écoute le dialogue. J'écris les adverbes et je les associe aux adjectifs.

a. vrai

b. tranquille

c. agréable

d. rapide

e. incroyable

6.

J'écris les adjectifs au masculin et au féminin. Je souligne la forme utilisée pour former l'adverbe.

Délicieusement → *délicieux – délicieuse*

a. naturellement

b. amoureusement

c. clairement

d. difficilement

e. discrètement

f. joliment

7.

Je lis les définitions et j'écris les adverbes.

Quand on marche d'une manière lente, on marche lentement.

a. Quand on est passionné par une chose, on aime…

b. Quand on vit d'une manière simple, on vit…

c. Quand on s'habille avec des vêtements légers, on s'habille…

d. Quand on fait une visite très rapide d'un lieu, on visite…

1. **> Piste 57** · DVD *piste 80*

J'écoute les phrases et je note combien de syllabes j'entends.

C'est le / pre/mier / jour.	→ *4 syllabes*
a. À demain matin !	→ … syllabes
b. C'est ce que je pense.	→ … syllabes
c. Je te présente Catherine.	→ … syllabes
d. Vous pouvez le faire.	→ … syllabes
e. Je vais le refaire.	→ … syllabes
f. Il ferme cette fenêtre.	→ … syllabes

2. **> Piste 58** · DVD *piste 81*

J'écoute et je joue les dialogues avec mon voisin. Je prononce ou non le [ə].

a. – Qu'est-ce que tu aimes dans la vie ?

– J'aime le sport, la lecture et le cinéma.

b. – Tu veux venir chez moi demain soir ?

– Demain ? Je crois que je ne peux pas !

c. – Je peux t'appeler cette semaine ?

– Je préfère que tu m'appelles la semaine prochaine.

d. – Ce jardin me plaît beaucoup. Et à toi ?

– C'est vrai que ce jardin est magnifique.

e. – Je vais aller à la piscine vendredi. Ça te dit ?

– Vendredi ? Oh oui, ça me va parfaitement.

« Des gens, un pays »

Bonjour, je vous présente mon pays, le Québec.

Le Québec fait partie du Canada. C'est un pays vraiment immense : il est trois fois plus grand que la France. Au Québec, il y a beaucoup de rivières, dont le très connu Saint-Laurent, mais aussi des montagnes et la mer. La nature est restée sauvage dans des lieux naturels et incroyablement beaux. Si vous préférez la ville, vous trouverez certainement votre bonheur dans les rues de la très moderne Montréal ou celles du Vieux-Québec, avec son quartier du Petit-Champlain, ses magasins et ses nombreux cafés. Au Québec, on parle principalement le français. C'est la première langue parlée à Montréal, et la plus utile pour y vivre au quotidien. Dans les commerces, les panneaux sont en français, comme à Paris.

Mon ami québécois

Retrouver Olga

1

**Je lis le blog « Des gens, un pays ». Je note les lieux à visiter et leurs descriptions.
Je cherche d'autres renseignements sur Internet.**

2

Je raconte mon voyage au Québec et je décris les photos à Olga.

3

Avec mon voisin, on présente notre pays sur le blog.

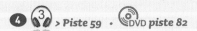 Consulter ses messages

4 **> Piste 59** · **DVD piste 82**

**J'écoute le message de Danielle et j'appelle
l'association. Je joue la scène avec mon voisin.**

5

**Je lis le mail de Luc et j'en parle à Olga. Elle
me pose des questions pour savoir comment
j'ai rencontré Luc. Je joue la scène avec mon
voisin.**

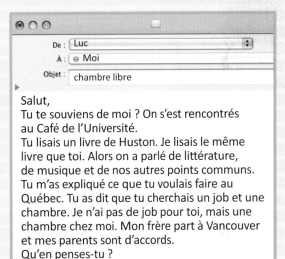

De : Luc
À : Moi
Objet : chambre libre

Salut,
Tu te souviens de moi ? On s'est rencontrés
au Café de l'Université.
Tu lisais un livre de Huston. Je lisais le même
livre que toi. Alors on a parlé de littérature,
de musique et de nos autres points communs.
Tu m'as expliqué ce que tu voulais faire au
Québec. Tu as dit que tu cherchais un job et une
chambre. Je n'ai pas de job pour toi, mais une
chambre chez moi. Mon frère part à Vancouver
et mes parents sont d'accords.
Qu'en penses-tu ?
À bientôt.
Luc

Écrire une histoire d'amitié

Étape 1 : En petits groupes, on choisit une situation, des personnages
et un lieu.

Étape 2 : On décrit le lieu de l'action.

Étape 3 : On décrit les personnages.

Étape 4 : On écrit l'histoire.

Étape 5 : Chaque groupe lit l'histoire à la classe et on vote pour celle
qu'on préfère (la plus drôle, la plus belle, la plus originale...).

1 *Expéditeur*

Madame Jeannette Martin
32, rue Nationale
13000 Marseille

...

SNCF
Service des objets trouvés
Gare de Lyon
190, rue de Bercy
75012 PARIS

Objet : Perte d'un sac.

...

Marseille, le 17 mars 2011

...

Madame, Monsieur,

Je vous écris dans l'espoir de retrouver un petit sac gris. J'ai perdu mon sac il y a une semaine et je suis certaine que c'était dans le train. Depuis ce jour, je n'arrive pas à penser à autre chose. Je doute que vous l'ayez trouvé, mais vous êtes mon dernier espoir et je serais vraiment très heureuse de pouvoir le retrouver. J'ai décidé de tout faire pour cela.

C'est un petit sac gris en cuir sur lequel se trouve mon nom, mais j'ai peur d'avoir oublié d'écrire mon adresse. J'étais dans le train au départ de Marseille à 11 h 10 et à destination de Paris le lundi 10 mars. Pendant le voyage, j'ai appris une mauvaise nouvelle. Mon directeur m'a expliqué qu'il avait des problèmes de santé et qu'il devait vendre la société dans laquelle je travaille. J'étais très triste et, à l'arrivée, j'ai oublié de prendre mon sac.

Je ne doute pas de votre sérieux et j'attends des informations de votre part. Voici mes coordonnées : 03 28 52 65 23 ou jeannette.martin@mel.fr.

...

Sincères salutations.
Jeannette Martin

 ...

EXPRIMER DES SENTIMENTS

1

Je lis la lettre et je réponds aux questions.

a. Qui écrit la lettre ?
b. À qui ?
c. Quel est le problème ?

Exprimer des sentiments

• **Le doute**

Je doute...

Je ne suis pas sûr... / pas certain...

• **La peur**

J'ai peur... / Ça me fait peur !

Rappel

• **La certitude**

Je suis sûr... / Je suis certain...

• **L'espoir, le souhait**

J'espère... / Je souhaite...

• **La joie**

Je suis content... / C'est magnifique !

• **La tristesse**

Je suis triste...

2

Je lis encore la lettre et je mets dans l'ordre les sentiments exprimés par Jeannette Martin.

a. la certitude - b. la tristesse - c. le doute – d. l'espoir - e. la certitude - f. la peur - g. l'espoir - h. la joie

3

J'écris les expressions utilisées pour exprimer :

a. des sentiments positifs : ...
b. des sentiments négatifs : ...

4

J'associe une phrase à un dessin.

a. On est contents de faire la fête avec toi !
b. Je doute que tu manges tout ça.
c. On a toujours peur qu'un accident arrive.
d. Je souhaite qu'il ait son examen pour partir étudier à l'étranger.

5

Avec mon voisin, on exprime des sentiments positifs et négatifs pour :

a. des vacances à la montagne.
b. un voyage en voiture.
c. un emploi sur une île.

6

Je suis un sentiment...

PRENDRE UNE DÉCISION

7

Ils changent de vie ! Avec mon voisin, on exprime les décisions des personnes.

- **Expliquer** / *Une explication*
Je vais vous expliquer la situation.
- **Décider** / *Une décision*
Il a décidé de partir au Mexique.
- **Penser, croire** / *Une idée, une opinion*
Je crois que c'est une bonne idée.
Le directeur a la même opinion.

8

Avec mon voisin, on propose des explications pour chaque situation de l'activité 7.

La femme a décidé de...
On pense que...

ÉCRIRE UNE LETTRE

Les éléments de la lettre formelle

1. *Les coordonnées de l'expéditeur*
= les informations sur celui qui écrit la lettre.
2. *Les coordonnées du destinataire*
= les informations sur celui qui reçoit la lettre.
3. *La date et le lieu = où et quand on écrit la lettre.*
4. *L'objet = la raison de la lettre.*
5. *La formule d'appel (Madame, Monsieur / Chère, Cher + prénom...) = le début de la lettre.*
6. *La formule de politesse = la fin de la lettre.*
7. *La signature = l'identité de l'expéditeur.*

9

J'observe la lettre et je complète les légendes.

10

Je lis les formules de politesse et j'associe.

a. Je t'embrasse.   **1.** amical
b. Cordialement.   **2.** standard
c. Avec mes amitiés.   **3.** très amical

11

Avec mon voisin, on travaille au service des objets trouvés. On écrit une lettre pour répondre à Jeannette.

Grammaire

L'expression du doute et de la peur

Mathieu doute *qu'elle lui* fasse *une surprise pour son anniversaire.*

• Pour exprimer le **doute**, on utilise :
– « douter que » + verbe au **subjonctif**.
Je doute que *nous* fassions *ce voyage.*
– « douter de » + verbe à l'**infinitif**.
Je doute de faire *ce voyage.*
– « ne pas penser que » / « ne pas croire que »
+ verbe au **subjonctif**.
Je ne crois pas qu'*elle* accepte *cette proposition.*
– « ne pas penser » /« ne pas croire »
+ verbe à l'**infinitif**.
Elle ne pense pas accepter *cette proposition.*

• Pour exprimer la **peur**, on utilise :
– « avoir peur que » + verbe au **subjonctif**.
*J'ai peur qu'il n'*ait *pas ce travail.*
– « avoir peur de » + verbe à l'**infinitif**.
J'ai peur de ne pas avoir *ce travail.*

1. **> Piste 60**

**J'écoute et je dis quel sentiment est exprimé :
le doute, la peur ou la certitude.**

2.

Je transforme les phrases.
Il a peur de *ne pas* trouver *de travail.*
Pour elle aussi, il a peur qu'elle ne trouve *pas de travail.*
a. Ils ont peur de voyager en avion.
Pour toi aussi, ils ont peur que tu...
b. Je doute de travailler sur le projet ce soir.
Pour eux aussi...
c. Nous ne pensons pas déménager au Canada.
Pour elles aussi...
d. Il ne croit pas rencontrer une personne célèbre.
Pour vous aussi...

3.

**J'écris cinq phrases pour exprimer mes doutes
et mes peurs.**
J'ai peur que tu n'acceptes pas de venir avec moi.

4.

**Avec mon voisin, on choisit une situation
et on exprime des sentiments.**
a. J'ai perdu les clés de mon appartement. J'en parle
à un ami.
b. Un ami ne répond pas au téléphone.

Les expressions temporelles

Depuis que j'ai arrêté de fumer, je n'ai pas pris un kilo !

• Pour indiquer le **point de départ d'une
situation**, on utilise :
– « depuis » + nom.
Depuis ce matin*, il lit des magazines.*
– « depuis que » + phrase.
Je travaille depuis que tu m'as donné ce dossier.
– « il y a » + nom.
Je suis parti il y a un an*.*

• Pour indiquer le **point final d'une situation**,
on utilise « jusqu'à ».
J'ai dansé jusqu'au matin.

• Pour indiquer une **durée**, on utilise :
– « il y a ... que » + phrase.
Il y a cinq ans que je vis ici.
– « pendant ».
J'ai voyagé pendant six mois.

5.

Je complète le dialogue avec les mots de la liste.
pendant – jusqu'à – il y a – il y a 6 mois – depuis
– Salut André, qu'est-ce que tu fais ?
– Je travaille sur mon dossier ... ce matin. C'est le dossier
que le directeur m'a donné ... . J'aurai fini ce soir.
– Alors ce soir, c'est la fête ?
– Oui ! J'ai invité Alexia à dîner. Après on ira au concert
de Maréna ! Et ... tout le week-end, je vais dormir !
Et toi, qu'est-ce que tu fais ce soir ?
– Je vais faire du sport avec Philippe ... 8 heures.
– Oh ! Moi le sport, j'ai arrêté ... quelques mois !

6. **> Piste 61**

J'écoute le dialogue et j'écris les informations.

a. Arrivée à Rome : …

b. Début du stage : …

c. Fin du stage : …

d. Arrivée en Espagne : …

7.

Je raconte la vie de M. Granier. J'utilise les expressions temporelles de l'encadré.

M. Granier est arrivé à Montpellier il y a…

– Août 2006 : Arrivée à Montpellier.

– Février 2007 / Septembre 2009 : Ingénieur chez « Martex ».

– Septembre 2009 : Création de la société « Granex ».

– Mai 2010 : Contrat avec une société américaine.

– Mai 2010 / Février 2011 : Voyages d'affaires aux États-Unis.

– Aujourd'hui : Déménagement aux États-Unis.

8.

Avec mon voisin, on parle des événements importants de notre vie pour les deux dernières années.

Phonétique

L'intonation expressive des sentiments (doute, inquiétude, tristesse)

Pour exprimer des sentiments négatifs comme le doute, l'inquiétude ou la tristesse, on parle en général **lentement** ; la voix est **basse** et elle **descend**.

Je doute qu'il vienne ! (↘)

J'ai peur qu'il ne vienne pas ! (↘)

C'est triste qu'il ne soit pas là ! (↘)

1.  **> Piste 62** • **DVD piste 83**

J'écoute les phrases et je note le sentiment exprimé.

	Doute	Inquiétude	Tristesse
Je m'inquiète que tu partes si longtemps !	—	✓	—

2. **> Piste 63** • **DVD piste 84**

J'écoute et je joue les deux dialogues avec mon voisin. Je respecte l'intonation.

a. *Des parents attendent leur fils de 19 ans.*

– Mais qu'est-ce qu'il fait ? Il n'est pas encore là !

– J'ai peur qu'il lui soit arrivé quelque chose !

– Oui, pourquoi il n'appelle pas ?

– Je ne suis pas sûre que son téléphone soit chargé !

– Une heure de retard et toujours pas de nouvelles !

– Je m'inquiète vraiment ! J'ai peur d'une catastrophe !

– Ah ! Je l'entends qui dit bonsoir à la voisine ! Le voilà ! Tout va bien !

– Ouf ! Je suis rassurée !

b. *Des étudiants parlent d'un examen.*

– J'ai peur de ne pas avoir réussi !

– Oh ! là, là ! Moi aussi j'ai peur des résultats !

– Je ne suis pas du tout sûr de mon travail !

– Et moi, j'ai peur d'avoir fait des erreurs !

– Je serai vraiment triste de ne pas réussir !

– Moi aussi, je serai triste et déçue !

– Ah ! voilà les résultats ! On a réussi tous les deux !

– Ouf !

➲ **Discuter des choix professionnels**

1 💬

Je suis à Marseille avec mes amis. En petits groupes, on parle de mes quatre propositions de travail et on les décrit.

N° 1 : Devenir acteur et...

STI ORGANISATION
COTONOU

Sylvain Atger
Directeur

Objet : proposition d'emploi

2

Objet : Rôle dans le film
« Marseille, jeune et belle »

1

JEUNE**AFRIQUE**
magazine

Objet : rédaction d'articles

3

Université Laval
Québec - Canada

Objet : Offre d'emploi

4

Partir ou pas

2 Rendez-vous

---

2  **> Piste 64 · DVD piste 85**

Le journal de Marie m'a fait une offre. J'écoute les précisions de Marie et j'écris :

a. la durée du contrat.
b. le salaire.
c. le sujet des articles.

Prendre des décisions

3 🖊

J'écris une lettre pour refuser la proposition de Sylvain Atger, responsable des conférences à Cotonou. J'explique pourquoi.

4 💬

En petits groupes, on choisit une des trois autres propositions de travail (activité 1) et on exprime nos sentiments positifs et négatifs.

Je suis sûr que c'est une bonne idée de partir au Canada…

STI ORGANISATION
COTONOU

Sylvain Atger
Directeur

Objet : Proposition d'emploi

Cotonou,
le 18 mars 20…

M…

Danielle Royer m'informe que vous cherchez du travail. Alors je vous écris pour vous proposer un poste de responsable dans notre société.

Nous sommes contents de votre participation cette année et nous cherchons une personne pour organiser les conférences pour l'année prochaine. Je suis sûr que vous avez les qualités humaines et relationnelles nécessaires pour ce poste.

Si vous êtes intéressé, envoyez-moi un CV et une lettre de motivation. Pour plus d'informations, vous pouvez voir l'offre d'emploi sur notre site Internet (www.sti-organisation.com).

Et pour la vie à Cotonou, je ne doute pas que vous trouviez très vite des amis dans notre ville.

Cordialement.

Sylvain Atger

Imaginer un projet

Étape 1 : En petits groupes, on trouve des projets originaux d'aventure sportive ou culturelle et on en choisit un.

Étape 2 : On définit ce projet avec les points positifs et les points négatifs (budget, dates, participants…).

Étape 3 : Chaque groupe présente son projet et explique pourquoi c'est possible. Les autres groupes donnent leurs sentiments et leurs opinions.

Étape 4 : La classe choisit le meilleur projet.

Culture *Vidéo*

Discutez

1

Qui est-ce ?

Que fait un « tourdumondiste » ? Discutez avec votre voisin.

Regardez.

2

Où sont-ils ?

Repérez les destinations des « tourdumondistes » sur la carte.

2. ...

1. ...

3. ...

Écoutez.

3

Pourquoi faire un tour du monde ?

Associez les éléments de chaque colonne.

a. Aller   1. les autres.
b. Découvrir   2. un rêve.
c. Échapper   3. utile.
d. Faire   4. au bout du monde.
e. Partager   5. sa passion.
f. Réaliser   6. le tour du monde.
g. Se rendre   7. de chez soi.
h. Sortir   8. au quotidien.

En marchant

Le projet : un tour du monde à pied sans argent ou presque. Avec un budget de deux euros par jour, les tourdumondistes, Thierry et Kilian, sont partis le 7 mai 2008 de Valence, en France, pour une marche qui leur fera découvrir plus de trente pays en cinq ans.

>> Pour suivre l'aventure :
www.toutenmarchant.com.

AUTOUR DU MONDE

Un tour du monde : pour quoi faire ?

Faire un tour du monde, c'est généralement partir à la découverte de différents pays. Mais le tour du monde peut aussi se construire autour d'une passion ou d'un centre d'intérêt : les déserts, la musique, le vélo, les îles, etc. Les Nomades on line ont, par exemple, choisi de faire un « tour du monde humanitaire » à la rencontre des ONG.

>> Découvrez leur voyage sur leur site : www.nomadesonline.com.

 Regardez et écoutez.

4 *Qui sont-ils ?*

Dites à quel groupe de personnes correspondent les informations suivantes.

1. la famille Vasse	2. Delphine et Maxime	3. Thierry et Kilian.

Les personnes :

a. deux grands rêveurs. → ......

b. un couple et trois enfants. → ......

c. deux idéalistes. → ......

Le voyage :

a. un an autour du monde. → ......

b. un tour du monde humanitaire. → ......

c. cinq ans autour du monde à pied. → ......

 Écoutez.

5 *Pour résumer ?*

Corrigez les phrases.

a. Certains disent que l'aventure est très loin, d'autres vont la chercher au bout de la rue.

b. Cinq cents Français se lancent chaque année sur les chemins.

c. Ce n'est pas seulement du tourisme, ce n'est surtout pas un voyage, c'est une aventure très heureuse qui doit avoir du sens.

 Exprimez-vous.

6 *Envie d'un tour du monde ?*

Vous avez envie de faire un tour du monde. Avec votre voisin, parlez des pays que vous voulez découvrir.

À vélo, en camping-car ou en bateau...

Partir autour du monde pour un an ou plus, à vélo, en camping-car ou en bateau et surtout avec les enfants. Selon l'association Aventuriers du Bout du Monde, ces familles représentent aujourd'hui 10 % de leurs 4 500 adhérents : « Je ne voulais plus que nous vivions les uns à côté des autres, mais ensemble. Aujourd'hui, je connais mes enfants mieux que personne », explique Olivier de la Rochefoucauld, parti avec sa femme Cécile et leurs cinq enfants pour une traversée de l'Atlantique à la voile.

Évaluation 3 Delf A2+

Activité 1 (3) > Piste 78 — 5 points

Objectif : comprendre une annonce publicitaire

Écoutez la publicité et répondez aux questions.

1. Cette publicité propose : . . . . 1 point
    a. des voyages.
    b. des produits.
    c. des activités.

2. Elle vous intéresse parce que vous aimez : . . . . 1 point

a. b. c.

3. Quel est le slogan de cette offre publicitaire ? . . . . 1 point

4. Cette publicité est pour les personnes : . . . . 1 point
    a. fatiguées.
    b. dynamiques.
    c. calmes.

5. Si vous réservez ce week-end, quel cadeau pouvez-vous recevoir ? . . . . 1 point

Activité 2 (3) > Piste 79 — 6 points

Objectif : comprendre une information professionnelle

Écoutez le message de votre amie et répondez aux questions.

1. Martine téléphone pour : . . . . 1 point
    a. donner des conseils.
    b. parler de son expérience.
    c. répondre à une offre.

2. Où travaille Martine ? . . . . 1 point

3. Pour quelles raisons Martine pense que vous avez des chances de réussir ? . . . . 2 points

4. Martine vous propose deux choses à faire. Lesquelles ? . . . . 2 points
    a. Écrire votre CV.
    b. Aller au restaurant.
    c. Appeler son chef.
    d. Envoyer votre CV.
    e. Parler avec un cuisinier.
    f. Rencontrer son chef.

Activité 3  > Piste 80   **6 points**

Objectif : comprendre une information administrative

Écoutez cette information à la radio et répondez aux questions.

1. Ce message explique comment : . . . . 1 point
   a. prendre un rendez-vous administratif.
   b. s'inscrire pour voter.
   c. recevoir un nouveau passeport.

2. On peut s'inscrire avant le 31 janvier : . . . . 1 point
   a. à la mairie.
   b. sur Internet.
   c. à la préfecture.

3. À la mairie, il faut apporter : . . . . 2 points
   a. un passeport.
   b. une carte bleue.
   c. un formulaire d'inscription.

4. J'associe les deux bonnes réponses à un site internet. . . . . 2 points
   a. Remplir un formulaire.   **1.** www.votre-mairie.fr
   b. Télécharger un formulaire.   **2.** www.interieur.gouv.fr
   c. Consulter un formulaire.   **3.** www.mon.service-public.fr

Activité 4 > Piste 81   **8 points**

Objectif : comprendre les sentiments exprimés dans un dialogue amical

Écoutez et associez les dialogues aux sentiments exprimés. . . . . 4 x 2 points

- Le dialogue 1...   **a.** exprime la peur.
- Le dialogue 2...   **b.** exprime des doutes.
- Le dialogue 3...   **c.** exprime des hypothèses.
- Le dialogue 4...   **d.** exprime l'espoir.

COMPRÉHENSION DES ÉCRITS   **30 minutes**

Activité 1   **5 points**

Objectif : lire pour faire un choix

Regardez ces cinq annonces professionnelles pour vos amis.

1. **Mairie de Sèvres**
Nos services vous informent.
Pour vous aider dans votre vie
quotidienne
www.mairie-sevres.fr
54, Grande-Rue
Tél. 01 41 14 10 00

2. Portable service
Pour tous vos problèmes techniques : nous réparons en
ligne votre ordinateur.
7 jours sur 7
de 6 h 00 à 23 h 00
Tél. 0800 32 33 34

3. Vous voulez changer de
logo, de matériel publicitaire
ou créer des affiches « choc » ?
Pub-concePT est là pour vous !
Tél. 06 60 75 65 54

<table>
<tr><td>

4. Formulaires, courriers,
lettres formelles...
ÉCRI-PUBLIC pour toute votre
correspondance administrative.
Rendez-vous le samedi toute
la journée au :
Centre social de L'Aubrière
à Meudon.

</td><td>

5. **ActiconfiancE**
Se préparer à trouver un emploi, savoir se
présenter et valoriser ses compétences.
Garantie : 100 % de réussite de confiance
en soi.
Contactez-nous sur :
www.acti-confiance.com
Accueil gratuit

</td></tr>
</table>

Quelle annonce les intéresse ?
Écrivez le numéro de l'annonce qui correspond à la situation de chaque personne.

a. À la fin de ses études, Yasmine cherche un premier emploi.   Annonce n° … . . . . 1 point

b. Cécile veut développer de nouveaux produits commerciaux.   Annonce n° … . . . . 1 point

c. Siri a trois enfants et a besoin d'aide à domicile.   Annonce n° … . . . . 1 point

d. Olga veut s'installer en France, mais elle ne connaît
pas les démarches.   Annonce n° … . . . . 1 point

e. Michel travaille à distance pour son entreprise.   Annonce n° … . . . . 1 point

Activité 2   6 points

Objectif : comprendre une lettre personnelle

Vous recevez ce message. Répondez aux questions.

Salut,

La semaine dernière, j'étais en voyage à Lyon pour mon travail. Un soir, je me suis promené dans le centre-ville, mais tous les magasins étaient fermés. Il était 20 heures. Alors, j'ai décidé d'aller dans un restaurant typique. J'étais seul et j'ai choisi une petite table à côté de la fenêtre. Dehors, il n'y avait pas de circulation, et le restaurant était vide. J'étais un peu inquiet à cause de ce calme étrange pour une grande ville ! À 21 heures exactement, j'ai entendu un grand bruit, des personnes ont commencé à sortir, à danser et à chanter dans la rue. Tu sais pourquoi ? L'équipe de foot de Lyon avait gagné !! Je sais maintenant quel est le sport le plus populaire en France... Je te raconterai la fin de la soirée extraordinaire le week-end prochain.
À bientôt.

Léonard

1. Léonard vous écrit : . . . .   1 point
   a. avant son voyage.
   b. pendant son voyage.
   c. après son voyage.

2. Quelle est la surprise de Léonard pendant
   sa promenade du soir ? . . . .   1 point

3. Léonard a remarqué autour de lui deux
   éléments étranges avant 21 heures.
   Lesquels ? . . . . 2 points

4. Qu'a fait Léonard à 21 heures ? . . . .   1 point
   a. Il est sorti dans la rue.
   b. Il a chanté avec des personnes.
   c. Il a vu des personnes qui dansaient.

5. Quel événement s'est passé à Lyon
   ce soir-là ? . . . .   1 point

Activité 3   6 points

Objectif : suivre une procédure administrative

Vous voulez voyager en Europe avec des amis. Lisez ce document et répondez aux questions.

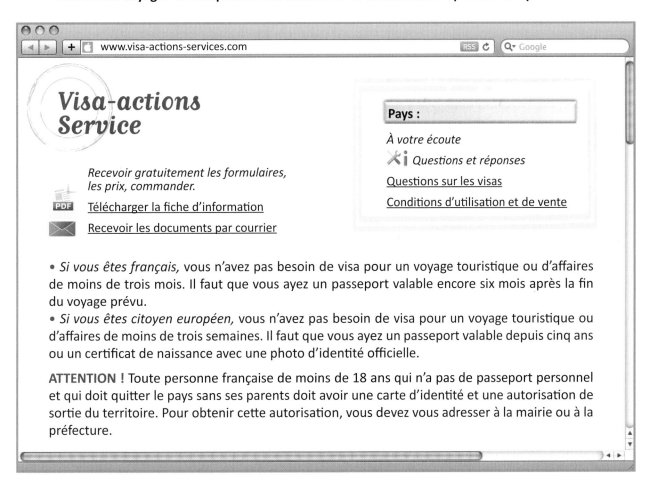

1. Le site Internet vous permet de recevoir : . . . . 1 point
   a. un passeport.
   b. une demande de visa.
   c. un billet de transport.

2. Votre ami français veut voyager avec son passeport. Quelles sont les conditions ? . . . . . . 1 point

3. Votre ami italien doit avoir un passeport ou deux autres documents. Lesquels ? . . . . 2 points

4. Vous voulez voyager avec le fils de votre ami français. . . . . 2 points
   a. Où devez-vous aller ?
   b. De quoi l'enfant a-t-il besoin ?

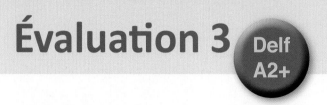

Évaluation 3

Delf A2+

Activité 4   **8 points**

Objectif : lire une information touristique

Lisez cet article de magazine et répondez aux questions.

Aventure

Envie d'avoir des impressions fortes...

Donnez à vos vacances un goût d'aventure entre rivières et nature sauvage : la Guyane.

Aventure sur les rivières de Guyane

Entre le Maroni et l'Oyapock, plus de vingt rivières au cœur de la forêt ! Ce sont les seuls chemins naturels pour découvrir l'Amazonie, la plus grande forêt du monde. Pendant quatre ou cinq jours, sur un petit bateau en « bois de pays », vous vivrez une expérience unique. Dans les petits villages, au bord de ces rivières, vous rencontrerez des groupes de personnes qui vivent encore traditionnellement avec la nature sauvage.

Randonnée au cœur de la forêt d'Amazonie

En Guyane, les amoureux de la nature sont chez eux. Nouvelles impressions et itinéraires exceptionnels : partez à pied pendant deux ou trois jours avec un guide. Vous découvrirez des animaux et des plantes inconnus. Idéal si vous êtes passionné de photographie ! Vous rapporterez des souvenirs merveilleux.

En voiture, à la découverte du bord de mer

Avec votre voiture de tourisme, prenez les routes de Guyane qui se trouvent au bord de la mer. Découvrez la capitale, Cayenne, ses musées, ses restaurants typiques et ses marchés de fleurs exotiques. À côté de la ville de Kourou, visitez le Centre Spatial Guyanais et le musée de l'Espace.

Surinam — Kourou — Cayenne — Guyane — Brésil

1. L'article propose des idées pour : . . . . 1 point
   a. s'installer dans un pays.
   b. organiser un voyage.
   c. travailler dans un pays.

2. En Guyane, quel est le meilleur moyen pour visiter la forêt ? . . . . 1,5 point

3. Vrai ou Faux ? Cochez et notez la phrase ou la partie de texte qui justifie la réponse.
   a. Au bord des rivières, il y a de nouveaux villages modernes.
      ☐ Vrai / ☐ Faux
      Justification : ... . 1,5 point
   b. La Guyane est le pays où vous prendrez les plus belles photos.
      ☐ Vrai / ☐ Faux
      Justification : ... . 1,5 point

4. Où se trouvent les grandes villes de Guyane ? . . . . 1,5 point

5. Kourou est une ville célèbre pour : . . . . 1 point
   a. sa réserve naturelle.   **b.** sa station scientifique.   **c.** son centre-ville exotique.

PRODUCTION ÉCRITE   45 minutes

Activité 1   13 points

Objectif : décrire un événement (80 à 100 mots)

Vous participez depuis deux jours à un événement culturel. Vous envoyez une lettre à un ami francophone pour décrire l'événement (lieu, thème, durée…), vos rencontres et vos impressions.

Bonjour à tous,
Je suis depuis un an au Québec.
Tout va très bien, j'ai trouvé du
travail, une maison et j'ai beaucoup
d'amis. Je vous propose de faire
comme moi : venir ici pour vous
installer et commencer une
nouvelle vie ! Je m'occupe de tout.
Alors que décidez-vous ?
J'attends de vos nouvelles.
Amitiés.
Laura

Activité 2   12 points

Objectif : informer et exprimer ses choix (60 à 80 mots)

Vous recevez ce message.

Répondez à la proposition de Laura : vous aussi, vous avez le projet de partir pour le Québec. Vous exprimez vos doutes et vos inquiétudes. Vous demandez de l'aide à Laura.

PRODUCTION ORALE   6 à 8 minutes

Activité 1 : Entretien dirigé *(environ 1 minute)*

Objectif : parler de soi et de ses projets

Répondez aux questions.
- Qu'est-ce que vous faites dans la vie ? Décrivez votre parcours scolaire ou professionnel.
- Pour quelle raison apprenez-vous le français ? Parlez de votre meilleur ami.

Activité 2 : Monologue suivi *(environ 3 minutes)*

Objectif : décrire une expérience personnelle

1. **Emploi**
   - Racontez votre première expérience de travail. Quelle est votre profession idéale ? Expliquez.

2. **Choix personnel**
   - Quelle passion avez-vous ? Expliquez. Racontez un rêve.

Activité 3 : Exercice en interaction *(environ 4 minutes)*

Objectif : résoudre un problème de la vie quotidienne

1. **Votre ami veut venir habiter dans votre pays. Vous lui demandez ce qu'il souhaite faire (travail, loisirs, rencontres…). Vous lui faites des propositions.**
   L'examinateur joue le rôle de l'ami.

2. **Vous voulez organiser un week-end culturel avec des amis. Vous allez à l'office de tourisme. Vous vous renseignez sur les possibilités de sorties, de visites… dans la ville de votre choix.**
   L'examinateur joue le rôle de l'employé de l'office de tourisme.

Index thématique des notions

① Noms ② Verbes ③ Adjectifs, adverbes, locutions et autres

Jour et RDV	Thème	Lexique
Jour 1 **RDV1**	Les salutations :	① Coucou
	Les caractéristiques physiques :	① Une barbe, une moustache // ③ Âgé, laid, maigre, mignon, *mince* ; chauve, des cheveux frisés, mi-longs, roux
	Les relations :	① *Madame*, Mesdames, *Monsieur*, Messieurs // ③ *Pardon*
	L'identité :	① Un pseudo, un surnom
Jour 1 **RDV2**	L'emploi :	① Un candidat, un ingénieur // ② Ajouter
	La musique :	① Un fan, *une guitare, un musicien, un piano*, un violon // ② Faire de la musique, jouer de la musique // ③ Célèbre
	Les loisirs :	① Des cartes, un club, une danse, un jeu vidéo, un partenaire, un style, le ski, le tennis ; le jazz, le rock, la salsa, le tango // ③ Latino-américain
Jour 2 **RDV1**	Les commerces, les courses :	① Une boutique, *une caisse*, une carte bancaire, un chèque, un centre commercial, un ticket, des soldes
	Les vêtements :	① *Des bottes*, un bonnet, des chaussures, *une chemise*, un jean, *une jupe, un pantalon, un pull*, un T-shirt, *une veste* ; une pointure, une taille, le 38, le 40, le 42 // ② Échanger, essayer, *mettre, porter, s'habiller* // ③ Chic, classique, *élégant*
	Les matières :	① Le coton, le cuir, la laine, le plastique
Jour 2 **RDV2**	L'art :	① Un artiste, un auteur, une exposition, une galerie, une œuvre d'art, *une peinture, une salle d'exposition, une scène, une sculpture* ; la modernité, la tradition // ② Disposer, réaliser // ③ Artistique
	Les loisirs :	① Une entrée libre, un espace, un photographe, une présentation multimédia, une réouverture, une visite de groupe // ② Photographier // ③ À l'occasion de
	Les matières :	① *Le bois*, le carton, le métal, *le papier*, le tissu, *le verre*
	Les formes :	③ Pareil ; *carré*, ovale, rectangle, *rond*, triangle
Jour 3 **RDV1**	Les directions, la localisation :	② Rentrer, rester, revenir // ③ *Après*, au bout de, au coin de, en face de ; où
	Les loisirs :	① *Une activité*, le camping, un forum, un guide, *un loisir*, des lunettes de soleil, une station de ski, une tente // ② Skier
	La nature :	① Une forêt, une montagne
	Le tourisme :	① Un aller-retour, une destination, une gare routière, un horaire, une indication, un retour, un séjour, un tarif // ② Imprimer
Jour 3 **RDV2**	La localisation :	① Une boussole, un conseil d'utilisation, un GPS
	Les sports :	① Une course, *une étape*, un itinéraire, un vélo // ② *Allumer*, appuyer, attacher, cliquer, entourer, *éteindre*, respecter, valider // ③ À pied, à vélo, expérimenté, prudent ; défense (de), interdit (de)
	La nature :	① Un chêne, un lac, un paysage, une rivière, une route, un sapin
Jour 4 **RDV1**	L'avenir :	① Un projet // ③ *Prochain*
	La ville, le quartier :	① Un club de sport, un espace vert, un habitant, *un jardin*, une mairie, une salle municipale ; une fermeture, une rénovation, des travaux // ③ Agréable
	La vie sociale :	① Une association, un événement ; un formulaire d'inscription, un local associatif, un membre, un prospectus
	La cause, la conséquence :	③ À cause de, c'est pour cela que / c'est pour ça que, grâce à ; donc
Jour 4 **RDV2**	La santé :	① Un accident, une blessure, une bronchite, une brûlure, *une colère*, une fièvre, *un sirop*, une toux, une trousse de secours ; une panne // ② Aller mieux, avoir l'air, emporter, se blesser, se brûler, se casser, guérir, soigner, tousser // ③ En bonne santé ; grave
	Les opinions :	② Avoir horreur de, en avoir assez // ③ Content, déçu ; Quel dommage !
	La fréquence :	③ Souvent, tout le temps
Jour 5 **RDV1**	Les professions, l'emploi :	③ Une profession intellectuelle, une profession manuelle, un secteur d'activité
	La personnalité :	① Un caractère // ③ Actif, autoritaire, bavard, compétent, drôle, indépendant, joyeux, sociable, timide ; meilleur, mieux
	La communication :	① Une conférence, un discours // ② Couper la parole, reprendre la parole
	Les sentiments :	③ Zut

6	Jour 5 RDV2	La nature :	① L'environnement, la faune, la flore, *le jardinage* ; une abeille, un insecte, *un moustique*, un zèbre ; *une plante, une rose*, une tulipe // ② Ajouter, chasser, *enlever*, pousser, protéger // ③ Chimique, dangereux, *écologique*, fleuri, sain, sauvage, solide ③ Doucement
		Les opinions :	② Avoir raison, exagérer // ③ Au contraire
	Jour 6 RDV1	Le passé :	① Un souvenir // ② Se rappeler, se souvenir de
		La famille :	① Un enfant, un oncle, une tante, des petits-enfants, un petit-fils, une petite-fille
		Les relations :	① Une rencontre // ② Discuter, rencontrer // ③ Amoureux, ensemble ; extra, fantastique, nul, sympa
		Les éléments d'une histoire :	① Une ambiance, un décor, un événement
	Jour 6 RDV2	Les loisirs, les spectacles :	① Un cirque, un clip, une comédie, une comédie musicale, *un concert*, une danse, un musée, une pièce de théâtre, un public, un rôle, une salle, une sortie, un théâtre ; un chanteur, un danseur // ② Faire la fête, mettre en scène
		Les opinions :	③ À mon avis, c'est-à-dire, il vaut mieux, je crois que, moi je trouve que, pour moi ; bravo
7	Jour 7 RDV1	L'identité :	① Une attestation, une carte d'identité, l'état civil, un passeport, un permis de conduire, *un visa*
		La communication :	① Un menu principal, un message d'accueil, un répondeur ; un dièse, une étoile, *une touche* // ② Annuler, archiver, confirmer, décrocher, enregistrer, laisser un message, perdre, raccrocher, supprimer, taper
		L'administration :	① Un agent, un ambassadeur, un consul, un maire, un préfet ; une ambassade, un consulat, une mairie, une préfecture ; un guichet, un service
	Jour 7 RDV2	Les produits, la publicité :	① Une affiche publicitaire, un créateur, un dessin, un festival, une impression, un logo, une marque, un principe, *un produit*, une publicité, un slogan, un symbole, une technique // ② Analyser, attirer l'attention, limiter, manquer // ③ Choc, efficace, parfaite, principal, réussi, technologique
		L'espace :	③ À l'arrière-plan, au premier plan ; horizontal, vertical
		La structure de la phrase :	③ Dont
8	Jour 8 RDV1	L'emploi :	① Un CV ; un chômeur, une candidature, une compétence, un contrat, un diplôme, des études, une expérience, une formation, un job, une offre d'emploi, un petit boulot // ② Être sans travail, payer, rechercher du travail, trouver du travail // ③ Bien payé, difficile, dur, fatigant, mal payé ; une durée indéterminée ; manuscrit
		Les opinions :	② Espérer, devoir // ③ Il faut, c'est important, il est important ; interdit, obligatoire
	Jour 8 RDV2	Les relations amoureuses :	① Un petit ami, une petite amie, un petit copain, une petite copine, une relation // ② Faire la bise, s'embrasser, se séparer, tomber amoureux // ③ En couple
		Les sentiments :	② Accueillir // ③ Accueillant, gai, triste
		L'immobilier :	① Une cabane, un chauffage, une climatisation, *un garage*, une location, un loyer, un parking, une résidence // ② Louer, s'installer // ③ Meublé
9	Jour 9 RDV1	Les relations amicales :	① Une amitié, une relation amicale ; un meilleur ami // ② Faire connaissance avec, faire le premier pas, se faire des amis
		Le tourisme :	① La côte ; un centre historique, la circulation, une cour, un guide touristique ; une cathédrale / ② Aller voir, circuler // ③ Bruyant, naturel, sombre, vivant
		La psychologie :	① Un caractère // ② Avoir confiance en, critiquer // ③ Agréablement ; intime
		Le discours :	② Partager, raconter, s'intéresser à // ③ Ça m'intéresse ; C'est l'histoire de
	Jour 9 RDV2	Les sentiments :	① La certitude, le doute, l'espoir, la joie, la peur, la tristesse // ② Avoir peur, douter, espérer, être sûr // ③ Triste
		Les opinions :	① Une explication, *une idée, une opinion* // ② Décider, expliquer, penser
		Les expressions temporelles :	③ Depuis, il y a, jusqu'à, pendant
		Les formules de la lettre :	① Des coordonnées, un destinataire, un expéditeur, une formule de politesse

Transcriptions

JOUR 1 – Marseille
RDV1 – Arrivée à Marseille

À découvrir   p. 10-11

1. et 2.
1. - Coucou Karim, tu vas bien ?
     - Bonjour, Monsieur Heinz. Comment allez-vous ?
2. - Salut ! Mina, je te présente Armando, mon ami américain.
     - Bonjour... Euh... Enchantée !
3. - Alors, tu as vu le bébé de Charlotte ?
     - Oui, il est mignon.
4. - Pardon mesdames, voici les deux cafés et les trois croissants !
     - Merci beaucoup ! Ah, s'il vous plaît... Je pourrais avoir un verre d'eau ?
5. - Excusez-moi, monsieur, je voudrais passer.
     - Oh, pardon. Voilà.
     - Merci beaucoup !

4.
Pardon, je peux m'asseoir ? J'attends mon fils. Je suis Mme Varlami, mais dans le quartier, tout le monde m'appelle Parlotte, parce que je parle beaucoup. Mais mon vrai prénom, c'est Mélina. Vous connaissez mon âge ? J'ai 84 ans ! Je suis née en Grèce et j'ai toujours la nationalité grecque, comme mon mari. Vous voyez la rue de la République, c'est dans cette rue que j'habite, au numéro 14, depuis 1962, avec mon mari.

À savoir / À prononcer   p. 13

1.
a. Quelle est son adresse ?
b. Il habite dans cette rue ?
c. Elle habite à quel étage ?
d. Que fait-elle ici ?
e. Il est médecin ?
f. Est-ce qu'elle est ici ?
g. Où travaille-t-il ?
h. Qu'est-ce qu'il va faire ?

À faire   p. 14-15

1. et 2.
a. - Bonjour à tous, bienvenue à la réunion... Je suis le gardien. Je m'appelle Pablo Machado et je viens d'Argentine. J'ai 50 ans. Ne vous trompez pas de porte. M. Tégneux habite en face et n'aime pas être dérangé.
b. - Bonjour, je m'appelle Marie. Je travaille pour le journal « Jeune Afrique ». J'habite au 1er étage, en face du Docteur Olivet. Voici mon chat, Cachou.
c. - Bonjour, je suis le docteur Pierre Olivet, spécialisé dans les médecines douces. J'ai 56 ans et j'habite avec mes deux enfants, Lucie et Julien, au 1er étage à droite. Je suis divorcé, et c'est mon ex-femme, Sarah, qui habite au 3e étage.
d. - Salut, je m'appelle Olga, j'ai 18 ans. J'étudie l'histoire et je travaille le week-end dans un restaurant. J'habite au dernier étage à gauche.
e. - Salut, moi c'est Benoît, et ma copine s'appelle Fanny. On a 30 ans tous les deux et on est de Marseille. Fanny travaille à la mairie et moi, je suis moniteur de voile. Et voici notre petite Alice ! Elle a 3 ans. On habite au 2e étage, à gauche.

RDV2 – Temps libre

À découvrir   p. 16-17

1., 2., 8. a. et 9.
Le présentateur : - Bienvenue au jeu « Qui veut gagner des dicos ? » Aujourd'hui, nos candidats s'appellent Diane et Samy. Diane, vous habitez Lyon, vous avez 22 ans, vous êtes étudiante en mathématiques et vous voulez devenir ingénieur. Qu'est-ce que vous aimez faire ?

Diane : - Je fais beaucoup de sport. Je joue au tennis et je fais du ski. Et j'adore la danse.
Le présentateur : - Un style de danse en particulier ?
Diane : - Pardon ?
Le présentateur : - Est-ce qu'il y a un style de danse que vous préférez ?
Diane : - Oui, j'aime beaucoup la salsa et le tango.
Le présentateur : - Si je comprends bien, vous êtes fan des danses latino-américaines.
Diane : - Oui, mais avec les études, je n'ai plus beaucoup de temps. Et puis, je n'ai plus personne pour danser avec moi : mon partenaire de danse est parti étudier en Allemagne.
Le présentateur : - Il faut trouver quelqu'un, alors. Samy, vous dansez ?
Samy : - Non, je ne danse pas ou très mal, mais je joue de la musique.
Le présentateur : - Diane, vous voulez ajouter quelque chose ?
Diane : - Non, non, je n'ai rien à ajouter... Ah si, un coucou à toute ma famille et à mes amis !
Le présentateur : - Alors, je présente rapidement Samy. Vous avez 35 ans, un enfant, vous travaillez dans une banque, vous venez de Marseille et vous êtes musicien.
Samy : - Oui, je joue du piano et de la guitare. Je fais partie d'un groupe et nous jouons dans des clubs pour le plaisir.
Le présentateur : - Donc, après le travail, vous faites de la musique avec vos amis ?
Samy : - Oui, c'est bien ça.
Le présentateur : - Merci Samy. Place au jeu maintenant. Écoutez bien. Je suis quelqu'un de célèbre, une femme célèbre. Je suis née le 30 septembre 1975 à Paris.
Samy : - Je n'ai pas compris la date de naissance...
Le présentateur : - Le 30 septembre 1975. Je continue. J'aime beaucoup la musique : petite, je veux être musicienne. Plus tard, je décide de devenir actrice comme ma mère. Je pars à Orléans pour suivre des cours de théâtre. Luc Besson me choisit pour jouer dans le film « Taxi ».
Samy : - Comment ? Vous pouvez répéter, s'il vous plaît ? Je n'ai pas entendu...
Le présentateur : - Luc Besson me choisit pour un rôle dans le film « Taxi ». J'habite maintenant à Paris et à Los Angeles.
Diane : - Marion Cotillard !
Le présentateur : - Bravo !
Samy : - C'est quoi la réponse ? Marie Tortillard ?
Diane : - Non ! Marion Cotillard !
Samy : - Comment ça s'écrit ?
Diane : - C O T I L L A R D.
Samy : - Ah, d'accord !

À savoir / À prononcer   p. 19

1.
a. Je résume toujours tout.
b. Il adore la musculation.
c. Quel drôle d'hurluberlu !
d. Il y a beaucoup d'ouvertures possibles.
e. C'est un minuscule conte russe.
f. Je continue mes études.

À faire   p. 20-21

3.
Bonjour, vous êtes bien sur la messagerie du « Club de pétanque du port ». Nous ne sommes pas là actuellement. Nous sommes ouverts entre dix heures trente et midi et entre quinze heures et dix-huit heures, 8, rue de la Descente-au-Port à Marseille.

JOUR 2 – Genève
RDV1 – Boutiques à Genève

À découvrir
p. 26-27

5., 6. et 9.

La vendeuse : – Bonjour monsieur. Je peux vous aider ?

Le client : – Oui. Je voudrais profiter des soldes de votre boutique. J'ai une fête samedi prochain.

La vendeuse : – Très bien. Quelle fête ? Un mariage, une fête de famille ou un anniversaire ?

Le client : – C'est l'anniversaire des cinquante ans de mariage de mes grands-parents.

La vendeuse : – Alors, il faut des vêtements élégants et pratiques. Vous devriez mettre un pantalon classique. Quelle taille faites-vous ?

Le client : – Du « L ».

La vendeuse : – D'accord. Vous voulez autre chose ?

Le client : – Oui, une veste peut-être. Je fais du 54 pour les manteaux et souvent du 52 ou du « L » pour les vestes.

La vendeuse : – Voilà une veste taille 52 et une autre taille 54. Vous pourriez essayer les deux ? Et le pantalon aussi ? La cabine est à côté de la caisse.

Le client : – Merci.

...

Le client : – La veste en 52 est très bien. C'est ma taille. Le pantalon aussi. Vous vendez aussi des chaussures blanches ?

La vendeuse : – Tout à fait. Quelle est votre pointure ?

Le client : – Je fais du 43.

La vendeuse : – Pourquoi ne pas essayer des bottes ? Nous avons un modèle soldé à 20 %. Elles sont noires et très belles.

Le client : – Pourquoi pas ? Elles sont en cuir ?

La vendeuse : – Bien sûr monsieur. Et il reste un dernier modèle en 43. Vous voulez les essayer ?

Le client : – Oui. Merci beaucoup.

...

Le client : – Parfait. Je les prends. Je peux payer par carte bancaire ?

La vendeuse : – Bien sûr.

...

La vendeuse : – Avec les soldes, vous gagnez... 80 euros 49.

Le client : – Quel cadeau ! Ah, je prends aussi ce petit bonnet en laine rouge ! C'est pour offrir.

La vendeuse : – Et voilà. Ça fait donc 260 euros 05 en tout !

Le client : – Merci mademoiselle. Au revoir !

La vendeuse : – Au revoir monsieur. Bonne journée.

À savoir / À prononcer
p. 29

1.

a. bouée – buée
b. cuir – cuir
c. muette – mouette
d. rouer – ruer
e. Louise – Louise
f. juin – joint
g. huit – huit

À faire
p. 30-31

1.

Nora : – Excusez-moi, madame. Ce T-shirt ne me va pas, ce n'est pas ma taille. Vous n'auriez pas la taille « S », s'il vous plaît ou autre chose ?

La vendeuse : – C'est pour une soirée ?

Nora : – Oui. Ce soir, je vais dans la galerie d'art d'un ami. Je voudrais quelque chose de chic. Est-ce que vous pourriez me conseiller ?

La vendeuse : – Oui, avec plaisir. Pourquoi ne pas essayer cette petite veste en cuir ?

Nora : – Je ne sais pas... 359 francs suisses, c'est cher ! Je travaille aussi dans un magasin de vêtements à Paris et les mêmes vestes coûtent 180 euros... C'est-à-dire, euh... 248 francs suisses !

La vendeuse : – Bon, je peux vous montrer un T-shirt élégant pour votre soirée. Venez avec moi !

RDV2 – Retrouvailles

À découvrir
p. 32-33

2.

Le premier visiteur : – Regarde, maintenant, ce n'est plus pareil qu'avant...

Le deuxième visiteur : – Oui, avant, la galerie n'avait qu'une seule salle d'exposition, maintenant, c'est différent, il y a deux salles. La nouvelle salle d'exposition est toute ronde. Elle présente différentes œuvres d'art.

Le troisième visiteur : – Et puis, la galerie propose maintenant deux espaces pour les sculptures : la cour des sculptures en bois reste la même. Une autre cour est aujourd'hui ouverte au public : elle ne présente que les sculptures en métal.

Le premier visiteur : – Eh oui, ce n'est plus comme avant...

6.

1. J'ai retrouvé mon ami d'enfance sur le site « Anciens camarades de classe ». Il est très différent aujourd'hui. Avant, il était tout petit. Maintenant, il est grand. Avant, il avait tous ses cheveux, maintenant, il est chauve. Il habite à côté de chez moi. On ne s'est reconnu que grâce au site.

2. Moi, grâce aux « Anciens camarades de classe », j'ai retrouvé ma copine du collège. Je pensais souvent à elle. Avant, elle était assez grosse. Maintenant, elle est mince : elle a perdu beaucoup de kilos ; elle est devenue très belle ! Mais elle est restée la même avec son caractère très rieur. Aujourd'hui, elle est mariée et elle a trois enfants. Le temps passe vite...

À faire
p. 36-37

1.

J'ai de la chance, le directeur de la galerie a fait des travaux avant l'exposition. Il a changé les couleurs : avant, la salle était jaune et maintenant, elle est blanche. Il a ouvert une nouvelle salle aussi. Avant, il y avait une seule salle, maintenant, il y a deux petites salles. Une partie de l'exposition se trouve dehors, car il y a maintenant une grande cour très claire avec des vitres en verre fin pour protéger les œuvres d'art de la pluie. Ça aussi, c'est nouveau ! L'espace est donc assez différent, c'est vrai, mais c'est très bien.

Transcriptions

JOUR 3 – Aoste
RDV1 – À la montagne

À découvrir   p. 42-43
1., 2. et 3.

Le mari : – Chérie ! Je suis en train de préparer ma valise, mais je ne trouve pas mes chaussures de marche ?

La femme : – Tu les as laissées à La Rochelle l'année dernière !

Le mari : – Ah bon ?

La femme : – Oui... Elles étaient très vieilles...

Le mari : – Alors, je vais acheter une autre paire de chaussures... Au fait, où est le nouveau magasin de sport où on trouve des modèles sympas ?

La femme : – Tu parles d'« Atousport » ?

Le mari : – Oui !

La femme : – Ah ! C'est au bout de la rue. Je viens d'y aller pour acheter des lunettes de soleil !

Le mari : – Mais tu ne m'as rien dit ?

La femme : – Écoute, j'en viens, mais nous pouvons y retourner si tu veux, c'est en face de la pharmacie et j'ai oublié d'acheter une tente pour nos deux jours de camping. Ensuite on peut aller au supermarché ensemble, c'est au coin de la rue Saint-Michel. Au fait, tu as regardé les horaires de bus ?

Le mari : – Oui, j'ai acheté les billets sur Internet et je les ai imprimés. On part le vendredi 15 juillet, le matin.

La femme : – Demain matin ? Très bien ! Tu as pris quels horaires ? Et... on part d'où ?

Le mari : – Nous partons de la gare routière d'Avignon à sept heures, destination Péone dans le Parc naturel du Mercantour. Arrivée vers 11 heures.

La femme : – C'est parfait ! Et pour le retour ?

Le mari : – On revient le lundi 18. Le bus part à 8 heures de Péone et on arrive à Avignon vers midi.

À faire   p. 46-47
1.

Salut ! C'est Benoît. Je t'appelle pour vendredi matin. On se retrouve devant la gare de Marseille à 8 h 15. J'espère que tu as acheté les billets pour trois personnes ! Le départ est à 8 h 31, c'est ça ? Ah ! Fanny me dit que tu as des informations sur le prix des activités pour les enfants. Dis-moi vite. Bises.

6.

Salut les jeunes ! Je vois que vous avez le guide de la vallée d'Aoste ! C'est super ! Vous pouvez venir dans mon magasin pour louer des skis, ce n'est pas cher. Pour trouver mon magasin, c'est simple : quand vous êtes à l'office de tourisme, juste après le cinéma « Giacosa », à droite vous prenez la rue Frédéric-Chabod, c'est au numéro 28. Et si vous voulez acheter vos cartes « Pass », il y a le bureau de vente au bout de la rue. Je vous souhaite un bon séjour. À bientôt au magasin...

RDV2 – Leçon de sport

À découvrir   p. 48-49
1., 3. et 7.

Mesdames et messieurs, bienvenue à la course des « 48 heures nature ». Vous allez vivre deux jours dans de magnifiques paysages de montagne. Je vous rappelle les trois étapes de la course.D'abord, il faut nager 5 km dans un lac de montagne. Une grande forêt de chênes et de sapins entoure le lac. Ensuite, il y a une course à vélo de 80 km dans les montagnes de la région. Attention, soyez prudents et n'allez pas trop vite dans les descentes : les routes sont petites.Enfin, vous avez la course à pied de 30 km dans la forêt avec des petites rivières. Défense de sortir de l'itinéraire ! On vous a prêté une montre GPS-boussole, avec les conseils d'utilisation pour ne pas vous perdre : lisez-les bien ! Allumez votre montre et ne l'éteignez pas quand vous marchez ! Pendant les différentes étapes, les organisateurs vont vous donner à boire et à manger : servez-vous ! Ah, une dernière chose : respectez la nature ! Il est interdit de jeter les bouteilles dans la forêt. Posez-les sur le chemin. Nous allons les prendre après !

À faire   p. 52-53
4.

Le parapente ? Non, ce n'est pas difficile. Vous n'êtes pas tout seul pour la première fois. Nous sommes deux personnes sur le parapente. Mais vous devez suivre mes instructions. Il y a cinq moments importants. Le premier, pour s'envoler, il faut courir. Ensuite, quand le parapente monte, on fait un petit saut et on s'envole. Après, pendant le vol, on reste assis et on regarde tranquillement le paysage. Le quatrième moment, c'est quand on arrive en bas de la montagne, il faut se lever et puis on court. Enfin, pendant le dernier moment, on s'arrête. Vous voyez, c'est simple.

JOUR 4 – Marseille
RDV1 – Voisins, voisines

À découvrir — p. 62-63

2.

Un membre de l'association : – Bonjour monsieur ! Vous êtes du quartier ?

Un habitant du quartier : – Oui.

Un membre de l'association : – Je suis membre de l'AJP, l'« Association pour les jardins et les parcs », et j'aimerais vous parler du projet de rénovation du *jardin Pierre Puget*. Tous les habitants du quartier sont invités ce soir à la réunion organisée par Jacques Bonfond, le président de l'association. Vous êtes libre ?

Un habitant du quartier : – Oui, mais... cela ne m'intéresse pas. Je suis désolé.

Un membre de l'association : – Vraiment ? Vous savez, à cause du projet de la société « Toubéton », le jardin va perdre 30 % d'espaces verts !

Un habitant du quartier : – Ah bon ? Bon, je vais réfléchir... je viendrai peut-être.

Un membre de l'association : – Merci monsieur.

À faire — p. 66-67

1.

Salut !

Est-ce que tu participes à la réunion demain matin ? On s'installera dans la salle municipale et chacun apportera à manger et à boire ! Tu peux apporter des jus de fruits, s'il te plaît ? C'est une réunion pour mieux se connaître et ça permet de parler du quartier. Marie veut aussi nous parler de son association « ASPOR » qui s'occupe de sport et d'éducation pour les jeunes. L'association cherche des membres pour organiser des activités sportives. On en parlera demain. On se voit vers 9 heures ?

Salut.

RDV2 – Un accident

À découvrir — p. 68-69

3.

Le journaliste : – Vous partez souvent en vacances, c'est très bien ! Mais pensez-vous toujours à prendre une trousse de secours ? Nous avons interrogé des personnes dans la rue. Écoutons-les.

Personne 1 : – Une trousse de secours ? Oh non ! Je suis toujours en bonne santé ! Donc je n'y ai jamais pensé, mais c'est une bonne idée.

Personne 2 : – Ah oui, toujours ! C'est nécessaire pour mon mari surtout ! Il s'est brûlé, il y a deux ans, avec un barbecue. L'année dernière, il s'est blessé à la jambe : il a glissé sur une banane. Et cet hiver, nous sommes allés faire du ski et... il s'est cassé le bras...

Personne 3 : – Non, je n'ai pas de trousse... mais je pourrais avoir une petite trousse dans mon sac, surtout avec cinq enfants... Quand il fait un peu froid, les enfants toussent et voilà, c'est la bronchite... un sirop, ça ne prend pas beaucoup de place...

À faire — p. 72-73

1.

Mais tu as vu ça ? Il ne s'arrête même pas avec sa grosse voiture !!! Quel danger public !!! Ce n'est vraiment pas possible ! Décidément, aujourd'hui, tout le monde exagère... Il ne s'arrête pas au stop, il ne respecte personne. Et tu as vu ? Il s'en va, comme ça... C'est vraiment nul ! Et toi, ça va ? Tu t'es fait mal ? Tu peux te relever ? Attends, je vais t'aider. Oups, ton bras te fait mal ? Ah, regarde ton vélo... Il est cassé maintenant...

Transcriptions

JOUR 5 – Cotonou
RDV1 – À la conférence

À découvrir p. 78-79
3. et 7.

Mlle Durand : – Bonjour M. Palmier. Asseyez-vous ! Alors, vous cherchez du travail ? Nous allons d'abord définir votre profil. Mais avant, est-ce que je peux...

M. Palmier : – Mlle Durand, je voudrais dire que...

Mlle Durand : – Attendez M. Palmier, je ne voudrais pas vous couper la parole, mais je n'ai pas fini, laissez-moi vous poser une question... Quel secteur vous intéresse ?

M. Palmier : – Je suis au chômage depuis quatre mois. Avant, j'ai travaillé dans une boulangerie, dans les cuisines d'un restaurant et au secrétariat dans une association. Et c'était toujours fatigant et mal payé. Vous me demandez si j'ai un secteur préféré ? Eh bien, je peux vous dire que le secteur qui ne m'intéresse pas, c'est la restauration !

Mlle Durand : – Très bien. Je comprends. Dites-moi : vous avez fait le test de la revue « Travail et emplois » ?

M. Palmier : – Oui et ce n'est pas très sérieux : j'ai moins de réponses B que de réponses D ! Et...

Mlle Durand : – Pardon, mais je ne suis pas d'accord avec vous, ce test est très sérieux ! Il montre que vous êtes plus responsable, plus compétent et plus courageux que la majorité des gens.

M. Palmier : – Je ne sais pas. Souvent, on me dit que je suis calme et timide.

Mlle Durand : – Peut-être, mais je pense aussi que vous avez beaucoup de qualités. Nous allons chercher ensemble votre future profession.

À savoir / À prononcer p. 81
1.
a. Il a vraiment plus de disponibilités qu'avant.
b. Il est beaucoup plus patient qu'elle.
c. Elle a plus d'idées que tout le monde.
d. Dans mon travail, je suis plus accueillant que toi.
e. Tu es bien plus sérieux que moi.
f. Moi, je suis plus enthousiaste que toi.

À faire p. 82-83
4.

Monsieur le président, madame la directrice, mesdames et messieurs, chers collègues, je suis très heureuse d'être ici avec vous, aujourd'hui, pour ce premier « Salon international des professions » à Cotonou. Vous allez pouvoir participer à différents ateliers sur des thèmes actuels. C'est important pour nous tous d'être heureux au travail. Il faut donc choisir un métier qui va avec notre caractère. Pour les personnes qui travaillent dans le commerce, par exemple, c'est mieux d'avoir un caractère joyeux pour être agréable avec le public ! Les personnes sérieuses et qui aiment travailler seules peuvent choisir un métier dans le domaine de la santé ou du droit. Un autre exemple, dans le secteur du tourisme, il faut être calme et responsable. Et n'oublions pas que les personnes timides peuvent aussi développer leur courage dans des métiers comme les métiers du sport ! Mais la première qualité, pour toutes les professions, c'est d'être compétent et d'aimer son travail ! Nous allons analyser chaque secteur, mais avant, si vous avez des questions, je vous écoute.

RDV2 – Parc naturel

À découvrir p. 84-85
1. et 2.

La fleuriste : – Bonjour monsieur, je peux vous aider ?

Jean : – Oui. Je voudrais des tulipes et des roses, s'il vous plaît.

La fleuriste : – Très bonne idée ! Ce sont de très belles fleurs qui vont ensemble.

Chris : – Bonjour ! Ah, Jean ! Comment vas-tu ? Tu achètes des fleurs pour ta femme ?

Jean : – Eh, salut Chris ! Non, j'achète des fleurs pour le concours des maisons fleuries.

Chris : – Ah oui ? C'est super ça ! Ça te plaît ?

Jean : – Oui, je trouve ça génial ! Beaucoup d'habitants participent au concours cette année. J'espère que ma maison sera la plus jolie !

La fleuriste : – Vous voulez autre chose ?

Jean : – Oui, des produits chimiques pour...

Chris : – Tu vas mettre des produits chimiques ?

Jean : – Bien sûr ! Mes fleurs doivent être les plus belles.

Chris : – Pour moi, ce n'est pas la meilleure solution pour faire pousser des fleurs. Les fleurs sont plus belles quand elles poussent naturellement.

La fleuriste : – Je ne suis pas d'accord avec vous ! Les trois quarts de mes fleurs sont traitées, vous savez.

Chris : – C'est possible, mais ce n'est pas bien pour la flore et la faune. Aujourd'hui, dans la région, il y a moins d'abeilles à cause de l'utilisation des produits chimiques. Ils sont vraiment dangereux pour l'environnement.

Jean : – Tu as raison...

À savoir / À prononcer p. 87
1.
a. Il est toujours en retard à ses rendez-vous !
b. Tu vas vraiment mettre ces fleurs ici ?
c. Ces plantes sont vraiment superbes !
d. Encore des légumes ! C'est pas vrai !
e. J'adore les chatons noirs et blancs !
f. Offrir des roses à Maman ? Très bonne idée !

À faire p. 88-89
4.

Ici, les animaux sont libres. Ils ont l'habitude de l'homme, mais ils restent toujours assez loin. Il ne faut pas leur donner à manger ; c'est dangereux pour vous et pour eux aussi : ils ne pourront plus se nourrir seuls...
Le parc a un programme de chasse. Les habitants voisins peuvent venir chasser ici pour se nourrir. Des touristes qui aiment la chasse viennent aussi. Ils payent très cher. Plus du quart de l'argent du parc vient de cette chasse... Regardez ! Un lion avec ses petits !... Vous pouvez le chasser bien sûr mais... avec vos appareils photos...

À découvrir
p. 94-95

2. et 7.

Le présentateur : – Bonjour ! Bienvenue dans l'émission « Souvenir, souvenir ». Aujourd'hui, nous allons écouter l'histoire de Pierre, serveur dans un restaurant parisien.

Pierre : – Mon souvenir le plus amusant, c'était il y a quelques années. J'ai fait une erreur pendant mon service au restaurant. On travaillait de 8 h 00 à 22 h 00. Les journées de travail étaient longues à Paris au mois d'août et j'ai donné le plat d'une cliente à un autre client. La cliente, que je connaissais bien parce que c'était le restaurant de son oncle et de sa tante, m'a appelé, amusée. J'ai tout de suite compris qui avait son plat. C'était un jeune homme qui était assis à côté d'elle, amusé lui aussi par la situation. Petit à petit, ils ont commencé à parler. Et à la fin du repas, ils sont partis ensemble. Je me rappelle bien de ce moment parce que je suis allé à leur mariage en 1985 !

À savoir / À prononcer
p. 97

1.

a. J'aimais.
b. Il a passé.
c. J'ai écouté.
d. Il regardait.
e. J'ai aimé.
f. Elle passait.
g. J'ai travaillé.
h. J'écoutais.

À faire
p. 98-99

1.

Normalement, j'ai horreur de la montagne, surtout en hiver, mais là, c'était génial ! On est arrivés le vendredi soir et on a fait une promenade dans la forêt le samedi matin. Toute cette neige, c'était magnifique et très calme. On a passé cinq jours à faire des activités sportives et à se balader dans la région, mais on a eu un problème le mardi. On est restés bloqués à cause d'une panne de bus de 9 h 00 du matin à 2 h 00 de l'après-midi ! Ah ! Et aussi un autre problème : du lundi au mercredi, la piscine couverte était vide. Tout le monde était mécontent et Benoît a trouvé ça nul !! Mais j'oubliais, le samedi on a mangé avec un couple. La soirée a été très sympa. On est rentrés hier soir, mercredi. Finalement, on est très satisfaits !

5.

Moi, je suis allée au Cambodge. C'est vraiment très bien ! Les montagnes sont magnifiques, la nature, les animaux, c'est extra. Mais je suis mécontente de l'agence de voyage. Elle ne proposait pas de visites dans la nature ! Les villes, ça ne me plaît pas, alors j'ai tout organisé et je suis allée dans les petits villages, il y avait une ambiance fantastique. Des gens très gentils, des enfants partout, tout ce que j'aime ! Je suis contente de mes trois jours dans le parc national de Bokor, c'était intéressant. J'ai mangé du riz, du poulet... super bons... Mais ils ont une sauce au poisson... j'ai horreur de ça ! Voilà ! Le Cambodge c'est magnifique !

À découvrir
p. 100-101

4., 5. et 8.

La présentatrice : – « Radio Culture », bonjour ! Aujourd'hui, nous recevons Philippe Malinot pour son spectacle « Chantons dans nos rues » qu'il met en scène au Théâtre du Petit Port, à Marseille. Bonjour Philippe et bravo pour votre spectacle !

Philippe Malinot : – Bonjour ! Merci pour votre invitation. Je suis content de voir, tous les soirs, toujours plus de public.

La présentatrice : – Alors la scène, une passion ?

Philippe Malinot : – C'est la mienne en tout cas, c'est sûr.

La présentatrice : – Je rappelle votre biographie. Vous êtes né en 1968 dans une île des Antilles. Puis, à cause de vos problèmes de santé, vous partez à Marseille à l'âge de 7 ans. Et là, vous découvrez le théâtre à l'école...

Philippe Malinot : – Oui, c'était en cours de français. On a monté une pièce de Marcel Pagnol. J'avais 10 ou 11 ans. C'est pour cela que le théâtre est devenu une passion.

La présentatrice : – Puis vous prenez des cours de comédie en 1985 et vous jouez des rôles secondaires au théâtre classique. En 1998, grâce à Emmanuelle Berger, une grande pianiste, vous découvrez un nouvel art : la comédie musicale.

Philippe Malinot : – C'est-à-dire qu'avec la comédie musicale, je peux associer mes deux passions : la scène et la musique.

À faire
p. 104-105

4.

IAM, c'est un groupe qui a marqué les débuts du rap dans les années 90. Ils viennent tous de Marseille. IAM, ça veut dire « invasion arrivée de Mars », mais aussi « l'histoire, le temps qui passe ». Le chanteur s'appelle Akhenaton. Ils sont tous très intéressés par l'Égypte. Ils chantent du rap, ils ont des danseurs sur scène, c'est vraiment génial : de la bonne musique et des textes intelligents. Leur plus gros tube, c'est une chanson qui s'appelle « Je danse le mia » avec des expressions marseillaises. Et en plus, ils sont sympas !

Transcriptions

JOUR 7 – Montpellier
RDV1 – Projet de départ

À découvrir p. 116-117

4. et 6.

La femme : – J'ai perdu mon passeport... Tu l'as vu ?
L'homme : – Non... Tu l'as utilisé quand pour la dernière fois ?
La femme : – Je ne sais pas... Je l'ai peut-être mis avec mon billet d'avion... et je l'ai jeté en sortant de l'aéroport... J'appelle la préfecture tout de suite...

« Bonjour, vous êtes à la préfecture de Montpellier. Tapez 1 pour une carte d'identité ou un passeport. Tapez 2 pour un permis de conduire. Tapez 3 pour une attestation de naissance. Tapez 4 pour les autres services. Vous avez tapé 1. Appuyez sur dièse pour confirmer ou sur étoile pour annuler et revenir au menu principal. Un agent du service des passeports va prendre votre communication, patientez s'il vous plaît... »

L'agent : – Bonjour.
La femme : – Bonjour madame. Je vous appelle parce que j'ai besoin d'un nouveau passeport et d'un visa pour le Québec. Je pars dans trois mois. Quels documents faut-il apporter ?
L'agent : – Chaque personne qui voyage à l'étranger doit avoir un passeport, mais tous les pays ne demandent pas de visa. Pour le Québec, vous devez voir avec l'ambassade ou le consulat canadien. Pour votre passeport, il faut le formulaire de demande de passeport. Vous devez le prendre à la mairie.
La femme : – On ne peut pas le télécharger et l'imprimer ?
L'agent : – Non, on vous le donne seulement à la mairie.
La femme : – Il faut combien de temps pour faire le passeport ? Plusieurs semaines ?
L'agent : – Avant oui, mais maintenant, c'est plus rapide. En général, quelques jours, au maximum dix.
La femme : – Merci beaucoup de votre aide.
L'agent : – Je vous en prie, au revoir madame.
La femme : – Au revoir madame.

À savoir / À prononcer p. 119

1.

a. Jacques a dit : « Chante ! »
b. Jacques a dit : « Choisis ! »
c. Jacques a dit : « Mange ! »
d. Jacques a dit : « Marche ! »
e. Jacques a dit : « Voyage ! »

À faire p. 120-121

4.

Pour venir travailler au Canada, vous devez télécharger et remplir les formulaires A et B et la demande de visa sur notre site « www.canadainternational.gc.ca ».
Vous devez aller au consulat du Canada de votre pays avec :
- les formulaires A et B remplis ;
- une copie de votre passeport et l'original ;
- une copie du DELF B2 si vous l'avez obtenu ;
- votre demande de visa.

RDV2 – Nuit de la pub

À découvrir p. 122-123

1. et 5.

Vous avez envie d'acheter la voiture quand vous regardez cette affiche publicitaire ? Eh bien, c'est normal ! Cette publicité est l'exemple d'une affiche réussie. En fait, si vous aimez ce produit, c'est parce que les points dont je vais vous parler sont ses éléments les plus importants.
Si vous voulez créer une bonne affiche publicitaire, commencez par regarder toutes les techniques utilisées. Sur cette publicité, par exemple, la photo, qui est à droite et au premier plan, est assez grande. Le texte est court et les lettres sont très grosses. Ici, le noir et le gris sont des couleurs efficaces parce que ce sont aussi les couleurs de la voiture. L'espace horizontal de l'affiche est bien utilisé. Il ne manque rien. Si vous observez bien, vous verrez que sur cette publicité, il n'y a pas de personnes. D'habitude, c'est un élément important, mais là, ça donne une impression froide, technologique. C'est donc une publicité très classique et presque parfaite...

À faire p. 126-127

4.

Bonsoir à tous ! Dans la catégorie « Publicité non commerciale », nous avons d'abord choisi deux affiches dont les auteurs sont ici ce soir. Maintenant, je vais enfin vous donner le gagnant de cette année !
Le dessin est magnifique et représente bien l'activité du festival avec humour. Le slogan est simple et efficace avec quatre mots. La couleur principale est le rouge, pour le plaisir. C'est l'affiche du festival de Charleville-Mézières, en France, qui gagne le premier prix !

JOUR 8 – Québec
RDV1 – Un petit boulot

À découvrir p. 132-133

2., 5. et 8.

Manuel : – Salut Martine. Ça va ?

Martine : – Bonjour Manuel. Oui, ça va très bien, et toi ? Tu es toujours sans travail ou est-ce que tu as trouvé un emploi ?

Manuel : – Non, pas encore... Je recherche toujours du travail. Mais dans « Emplois et jobs », cette semaine, il y a des offres d'emploi intéressantes. J'espère vraiment trouver un job. Il faut vite que j'envoie mon CV.

Martine : – Dis-moi, tu voudrais que ton nouveau travail soit de quelques mois ou à durée indéterminée ?

Manuel : – Je souhaite avant tout que mon travail soit intéressant et bien payé !

Martine : – Tu sais, avant de répondre aux offres d'emploi, il faut que tu prépares un CV avec la liste de tes expériences professionnelles. C'est impossible de trouver un boulot quand on n'a pas de CV à envoyer ! Regarde cette page d'offres d'emploi : les compétences pour être vendeur, chauffeur ou serveur ne sont pas les mêmes. Il est nécessaire que tes expériences professionnelles aient un intérêt pour l'employeur.

Manuel : – Et mes diplômes ?

Martine : – Lis les petites annonces ! Parfois, ce n'est pas important que tu donnes tous les détails.

Manuel : – Je vois... J'aimerais que tu passes chez moi pour faire mon CV.

Martine : – Écoute, il faut d'abord que tu prépares ton CV. Ensuite, je t'aiderai.

Manuel : – D'accord. Merci beaucoup Martine. À bientôt alors.

Martine : – Pas de problème. Envoie-moi ton CV par mail ! Allez, bon courage.

9.

1. – Ma petite chérie, c'est ta grand-mère. Demain, ce sont les résultats de ton bac et j'espère que tu seras reçue. Des grosses bises et j'attends ton appel.

2. – Cher monsieur, nous vous avons envoyé le cadeau que vous avez gagné. Je vous souhaite une heureuse surprise. Toutes nos félicitations !

3. – Salut Karim. Pour le poste de responsable que tu attends, j'ai encore bon espoir. Le directeur n'a pas encore pris sa décision. Je te téléphone quand je sais quelque chose.

4. – Bonjour. Catherine Roger à l'appareil. Lucile, je viens de lire votre message et je suis heureuse de l'annonce de votre mariage. Tous mes vœux de bonheur à vous et à votre futur mari.

À savoir / À prononcer p. 135

1.

a. Tu dois le faire !

b. Je voudrais tellement qu'il soit là !

c. J'aimerais qu'il trouve vite du travail !

d. Il faut absolument qu'il reste ici !

e. Vous devez envoyer un CV !

f. Elle voudrait que son travail soit parfait !

À faire p. 136-137

1.

Bonjour, c'est Danielle Royer. Bienvenue au Québec. Je suis très heureuse de ton arrivée chez nous ! Tu sais, je pense avoir un travail pour toi à la fac, mais pas avant l'été prochain ! Heureusement, tu pourras rapidement trouver un petit boulot pour patienter. Pour commencer, il est nécessaire que tu prennes rendez-vous au « Centre de recherches d'emploi » de ton quartier et, très vite, il faudra que tu acceptes un petit boulot. Il est aussi important que tu te connectes sur le site « emploiquebec.net », c'est là que tu trouveras toutes les informations et les offres d'emploi en ligne. Tu dois aussi préparer ton CV à la québécoise : il est nécessaire que tu sois précis dans tes expériences passées. Mais attention, il doit faire une page maximum et présenter les emplois en commençant par le dernier. Bien sûr, il est obligatoire que tu le prépares sur ton ordinateur. J'espère que tu trouveras vite un bon job. Téléphone-moi quand tu veux au 450-933-2138. À très bientôt.

RDV2 – Nouvelle vie ?

À découvrir p. 138-139

3.

a. Avec Nicole, on est bons amis. On s'est rencontrés en 2007. Depuis, on est souvent ensemble. Je lui fais la bise et on se tutoie. Dans cette ville, on fait trois bises à tous ses amis.

b. Avec Pierre, on est ensemble depuis quatre ans. C'est mon premier petit ami et on est très heureux. J'espère que notre relation va durer encore longtemps.

c. Je travaille avec Édouard depuis dix ans. On se tutoie, on se fait la bise et je passe même des week-ends avec sa famille. C'est mon directeur, mais c'est surtout un bon copain.

d. C'est un vrai plaisir de travailler avec Lucie, ma directrice ! Elle est sérieuse, gentille et on se comprend très bien. On se vouvoie, mais c'est normal, et je préfère. Bien sûr, je lui serre la main comme aux autres directeurs.

À savoir / À prononcer p. 141

1.

a. C'est la règle !

b. Il est toujours là !

c. Elle est amoureuse !

d. Le Québec me fait rêver !

e. C'est un ami agréable !

f. La réunion va bientôt commencer !

g. Tu dois faire plus de sport !

h. Si tu voulais, tu pourrais déménager !

À faire p. 142-143

5.

Alors, je t'explique. Ici au Québec, on tutoie tout le monde : les jeunes, les adultes et les personnes âgées.

On tutoie sa famille, ses amis, ses collègues, son directeur...

Bien sûr, on dit aussi « vous », mais le vouvoiement, c'est pour les moments spéciaux, quand on passe un entretien, par exemple.

Avec ses amis ou sa famille, on se serre la main entre hommes, on s'embrasse entre homme et femme, et entre femmes.

Au travail, c'est simple. On dit « bonjour » ou « salut » le matin en arrivant, mais on ne fait pas la bise aux femmes et on ne serre pas la main aux hommes.

Transcriptions

À découvrir   p. 148-149

1., 2. et 6.

Margaux : – Alors, raconte-moi ton voyage en Italie du Sud !

Laure : – Je suis tombée amoureuse de ce pays très rapidement ! Tout
était beau : les villages, la côte, la mer, et Naples ! Quelle ville
incroyable ! J'ai a-do-ré !!!

Margaux : – Oui, c'est une très belle ville : le centre historique, les petites
rues sombres... Tu as aimé quel monument ?

Laure : – Oh, c'est difficile à dire : tous les monuments ! Bon, c'est vrai
que la ville est très bruyante et qu'on circule difficilement.
Le bruit et la circulation, ça, je n'ai pas beaucoup aimé.
Mais les places sont grandes, belles et toujours vivantes.
Les maisons ont des cours agréablement calmes et des jardins
vraiment magnifiques. Tu sais, je m'intéresse beaucoup à l'art
et là, il est partout ! Naples, c'est un autre monde... Et tu ne sais
pas, j'ai fait une belle rencontre en visitant les quartiers
espagnols.

Margaux : – C'est vrai ?

Laure : – Oui, j'ai fait la connaissance d'une fille très sympa. J'avais oublié
mon guide touristique à l'hôtel et j'ai vu une fille, Léonore,
qui avait le même que moi : je lui ai demandé des
renseignements. Elle s'intéresse aussi à l'Italie.

Margaux : – Elle est française ?

Laure : – Non, elle est suisse, elle vient de Genève. Et devine ! Elle est
inscrite dans la même école d'arts que moi à Lyon. L'art, c'est
sa passion !

Margaux : – Ça alors !

Laure : – Le monde est petit, non ? On écoute aussi la même musique
et on a les mêmes goûts pour le cinéma.

Margaux : – Et vous portez les mêmes vêtements ?

Laure : – Mais non...

Margaux : – Eh bien, tu as une nouvelle copine pour tes études alors ?

Laure : – Parfaitement ! Après notre rencontre, on est restées ensemble.
C'était bien. Le soir, quand on avait fini de manger, on restait
tranquillement des heures sur la côte, près du Château de l'Œuf.
C'était chouette !

Margaux : – Le début d'une belle amitié, non ?

Laure : – Oui, je pense. Léonore a un caractère qui me plaît beaucoup :
elle est calme, intelligente et très drôle aussi.

Margaux : – C'est très bien. Et tu as bien mangé à Naples ?

Laure : – Quelle question ? C'était délicieux ! Les pâtes, les glaces, le café
et la pizza !!!

À faire   p. 152-153

4.

Bonjour, c'est Danielle. Il y a quelque chose dont on n'a pas parlé. C'est
de ton installation et comment rencontrer des personnes ici pour ne pas
rester tout seul. Il y a une association à l'université qui aide les gens à faire
connaissance en organisant des activités. Appelle-les pour leur dire ce que tu
aimes faire, tes centres d'intérêt, tes passions. Alors je te donne leur pseudo
Skype : amiquebecois.
Salut, bonne journée.

À savoir / À prononcer   p. 157

1.

a. Je doute que tu réussisses à tout faire !

b. Je suis vraiment triste qu'elle soit partie !

c. Je ne suis pas sûr que ce soit possible !

d. J'ai peur qu'elle ait un problème !

e. Je suis triste d'avoir perdu mon agenda !

f. J'ai peur qu'il soit déjà trop tard pour réserver mes places !

g. Je ne suis pas certaine qu'il accepte ta proposition !

À faire   p. 158-159

2.

Mon rédacteur en chef est content de ton article sur la « Nuit de la pub ».
Il te propose un poste de journaliste pendant six mois. C'est payé à l'article ;
chaque article est payé entre 100 et 200 euros. Et tu travailleras avec moi
pour la rubrique « Sport et culture ». On écrira les articles pour toute la
région du Sud-Est. Tu peux commencer la semaine prochaine.

Précis grammatical

1 Le verbe

La négation

- La négation comprend deux parties :
  ne... pas ou **ne... plus**.
  Attention ! n' devant une voyelle.

  *Tu **ne** sais **pas** ou tu **ne** sais **plus** ?*
  *Il **n'a pas** envie de venir.*

- Avec un verbe pronominal :
  ne se place avant le pronom complément (*me, te, se, nous, vous*).
  *Il **ne** s'appelle **pas** Georges !*

- Au passé composé :
  la négation se place autour de **être** ou **avoir**.

  *Ils **ne** sont **pas** partis.*

Le présent

- Les terminaisons des verbes en **-er** sont :
  -e, -es, -e, -ons, -ez, -ent.

  *Je parl**e**, nous parl**ons**.*

- Les terminaisons des verbes en **-ir** comme *finir, choisir*, sont :
  -is, -is, -it, -issons, -issez, -issent.

  *Je chois**is**, nous choi**sissons**.*

L'impératif

- On utilise l'impératif pour donner un ordre, un conseil ou une instruction.
  L'impératif a les mêmes formes que le présent.
  Il n'a pas de pronom sujet. Il n'a que **trois personnes**.

- Les verbes terminés en **-er** ne prennent pas de **-s** final à la 2ᵉ personne du singulier.
  Regarde ! / Donne le départ !

- Certains verbes changent de forme.
  Être : Sois, soyons, soyez ! - Avoir : Aie, ayons, ayez !

- À l'impératif, les pronoms COD et COI se placent après le verbe : *Mon vélo, essaie-**le** !*

- Avec **ne... pas** : *Ne **les** prends pas ! Ne **lui** donne pas !*

Le gérondif

- Pour former le gérondif, on utilise **en** + la 1ʳᵉ personne du pluriel du présent + **-ant**.
  - *Parler : nous parl-ons → **en** parl**ant**.*
  - *Faire : nous fais-ons → **en** fais**ant**.*

  Attention ! *Être → en étant. / Avoir → en ayant.*

Le passé

• Le passé composé

- Pour former le passé composé, on utilise **être** ou **avoir** au présent + le participe passé.
  *Je **suis sorti** avant la fin du film. / Ils **ont vu** le spectacle de Bruno.*

- On utilise **être** avec :
  - *aller,*
  - les verbes de changement de lieu (*arriver, entrer, monter, tomber...*),
  - les verbes pronominaux.
    *Il **est** allé faire du ski, il **est** tombé et il s'**est** cassé la jambe.*
  Avec **être**, on accorde le participe passé avec le sujet.   *Elle **est** arrivée à 8 heures.*

- On utilise le passé composé pour exprimer des actions précises dans une histoire passée.
  *Je **suis arrivé** mercredi et j'**ai visité** trois châteaux !*

• L'imparfait

- Pour former l'imparfait, on utilise le verbe au **présent** avec *nous*
  + **-ais, -ais, -ait, -ions, -iez, -aient.**

  *Nous aimons → j'aim-ais = j'aim**ais**.*
  *Nous finissons → tu finiss-ais = tu finiss**ais**.*

  - *Être → j'étais / tu étais / il, elle, on était / nous étions / vous étiez / ils, elles étaient.*

• On utilise l'imparfait pour décrire le cadre de l'action, la situation, le décor.
C'était l'été, il faisait beau. Pierre avait un T-shirt bleu et j'étais amoureuse.

• **Le plus-que-parfait**

• Pour former le plus-que-parfait, on utilise **être** ou **avoir** à l'imparfait + le participe passé.
Je suis arrivé en retard et tu avais visité le musée.

• Le plus-que-parfait indique une **action passée et terminée** avant une autre action du passé qui commence.
Il a quitté le Portugal en 2005, il était arrivé en 2000.

Le futur simple

• Pour les verbes en **-er** et en **-ir**, on forme le futur simple avec le verbe à l'infinitif
+ -ai, -as, -a, -ons, -ez, -ont.   *Participer → je participerai. / Partir → tu partiras.*

• Pour les verbes en **-re**, on forme le futur simple avec le verbe à l'infinitif (**sans le -e** final)
+ -ai, -as, -a, -ons, -ez, -ont.   *Prendre → prendr-e → il prendra.*

• On utilise le futur simple pour exprimer une **action à venir**.

Le conditionnel

• Pour former le conditionnel, on utilise la forme du **futur simple** + les terminaisons de l'imparfait (**-ais, -ais, -ait, -ions, -iez, -aient**).
- *Écrire :* futur → *j'écrir-ai* / Conditionnel → *j'écrirais.*

• On utilise le conditionnel de politesse pour demander poliment ou conseiller quelqu'un.
- *Pouvoir* → *je pourrais / tu pourrais / vous pourriez.*   *Vous pourriez venir dîner ce soir !*
- *Vouloir* → *je voudrais / tu voudrais / vous voudriez.*
- *Être* → *ce serait.*

• On utilise le conditionnel pour exprimer un **désir** ou un **souhait**.
J'aimerais bien voyager plus souvent.

Le subjonctif

• Pour former le subjonctif, on utilise la 3ᵉ personne du pluriel du **présent**
+ -e, -es, -e, -ions, -iez, -ent.
- *Parler : ils parlent* → *parl-* + **-e** → *que je parle.*
                              + **-es** → *que tu parles.*
                              + **-e** → *qu'il, elle, on parle.*
                              + **-ent** → *qu'ils, elles parlent.*
Pour *nous* et *vous*, on utilise les formes de l'imparfait.
- *Parler : ils parlent* → *parl-* + **-ions** → *que nous parlions.*
                              + **-iez** → *que vous parliez.*

Attention !
Être → *que je sois / que nous soyons.*
Avoir → *que j'aie / que nous ayons.*

• On utilise le subjonctif après des expressions comme :
il faut que, il est nécessaire que.   *Il faut que tu sois sympa avec tes voisins.*

2 Le groupe nominal

Les articles

| | Singulier | | Pluriel |
	Masculin	Féminin	Masculin / Féminin
Articles définis	*le / l'*	*la / l'*	*les*
Articles indéfinis	*un*	*une*	*des*
Avec **à**	*au / à l'*	*à la / à l'*	*aux*
Avec **de**	*du / de l'*	*de la / de l'*	*des*

Les adjectifs

• L'accord des adjectifs

Masculin + **-e** = féminin.
Masculin + **-s** = pluriel.
Masculin + **-es** = féminin pluriel.
*Martin est content et Martine est content**e** : ils sont content**s**.*

• La place des adjectifs

On place les adjectifs courts **avant le nom** : *grand, petit, gros...*   *J'ai un **gros** nez.*
On place les adjectifs de couleur et de nationalité **après le nom**.
*Il a une voiture **rouge** et c'est un modèle **italien**.*

• L'adjectif possessif

• On utilise les adjectifs possessifs pour exprimer une **relation d'appartenance** entre deux personnes ou entre deux choses.
Ils répondent à la question *à qui ?*.

• Les adjectifs possessifs s'accordent avec le nom.
Mon père, ma mère, mes frères et mes sœurs.

• Avec un mot féminin qui commence par une voyelle ou un **h-**, on écrit :
ma ➜ *mon / ta* ➜ *ton / sa* ➜ *son.*   *Tu as vu **son** affiche ?*

• L'adjectif indéfini

• On utilise **tout le, tous les, toute la, toutes les** + nom :
 - pour exprimer la **totalité**   ➜ *On trouve **tous** les formulaires sur Internet.*
 - pour parler d'une **action répétée**   ➜ *Il lit ses messages **toutes** les nuits après le travail.*
 Tout le s'accorde avec le nom : *tout le temps, tous les jours, toute l'année, toutes les heures.*

• On utilise **chaque** pour **préciser un élément d'une totalité**.
Chaque ordinateur est connecté. (= tous les ordinateurs)

• On utilise **plusieurs** pour indiquer une **quantité non précise**.
Plusieurs mairies sont ouvertes le samedi matin.

• On utilise **quelques** pour indiquer une **petite quantité**.
Quelques personnes attendent au guichet !

Les adverbes en *-ment*

Pour former ces adverbes, on utilise un adjectif au féminin et on ajoute *-ment*.
*Première**ment**, il a visité le Canada. / Pierrot est heureuse**ment** arrivé à l'heure.*

3   Les pronoms

Les pronoms COD et COI

• Le pronom complément d'objet direct (COD) remplace un mot ou un groupe de mots avec un verbe sans préposition.
 - *Tu connais la réserve africaine à côté de Paris ?*
 - *Oui, je **la** connais bien. Je **t'**invite pour **la** visiter ?*
 Les pronoms **COD** : *me (m'), te (t'), le (l'), la (l'), nous, vous, les.*

• Le pronom complément d'objet indirect (COI) remplace une personne ou un groupe de personnes avec un verbe avec **à**.
*Tu as téléphoné à tes collègues ? - Non, je **leur** téléphone ce soir et je **t'**envoie un message après.*
Les pronoms **COI** : *me (m'), te (t'), lui, nous, vous, leur.*

Le pronom complément de lieu (*y, en*)

On utilise **y** et **en** pour remplacer un complément de lieu.
• **Y** remplace un complément de lieu avec *à, en, dans, sur, chez.*
 - *Est-ce que Marie va à l'exposition de Paul ? - Oui, elle **y** va.*

• **En** remplace un complément de lieu avec *de.*
 - *Tu viens de la galerie de Paul ? - Oui, j'**en** viens.*

Précis grammatical

Le pronom indéfini

- On utilise un pronom indéfini quand on ne connaît pas précisément la personne ou la chose.

  Quelqu'un a vu quelque chose ?

  La forme négative de **quelqu'un** est **ne... personne**.   *Il n'y a **personne** ici !*

  La forme négative de **quelque chose** est **ne... rien**.   *Je n'ai **rien** vu.*

  Attention !

  Avec **ne... personne** au passé composé : *Je n'<u>ai vu</u> **personne**.*

Le pronom possessif

On utilise un pronom possessif pour remplacer un adjectif possessif + un nom.

- *Tu as acheté ma <u>place</u> ? - Non, j'ai pris **la mienne** seulement !*

	Masculin	Féminin
Singulier	*le mien / le tien / le sien*	*la mienne / la tienne / la sienne*
Pluriel	*les miens / les tiens / les siens*	*les miennes / les tiennes / les siennes*

Le pronom démonstratif

On utilise un pronom démonstratif pour remplacer un adjectif démonstratif + un nom.

Avec un pronom démonstratif, il faut ajouter **de / d'** ou **qui / que / qu'**.

- *Tu as écouté le <u>CD</u> de ta sœur ? - Oui, et aussi **celui de** mes parents.*

- ***Celui que** tu préfères, c'est quoi ?*

	Masculin	Féminin
Singulier	*celui*	*celle*
Pluriel	*ceux*	*celles*

Le pronom interrogatif composé

- **Lequel** remplace un nom.

  On l'utilise pour **préciser une question**.   *- Tu vois cette boutique en face ? - Non, **laquelle** ?*

	Masculin	Féminin
Singulier	*lequel*	*laquelle*
Pluriel	*lesquels*	*lesquelles*

- On peut utiliser **lequel** avec *à, pour, avec, dans, sur, chez...*

  *J'ai rencontré tes <u>copines</u>. Mais tu travailles **avec laquelle** ?*

- Avec la préposition **à** : *à laquelle, auquel, auxquels, auxquelles.*

  *Il participera à un <u>concert</u>, mais **auquel** ?*

Le pronom relatif

On utilise le pronom relatif pour relier deux phrases simples.

- **Qui** est sujet. Il remplace un nom de personne ou de chose.

  *Ce sont des <u>textes</u> **qui** présentent la vie d'Henry Dunant.*

- **Que** est complément. Il remplace un nom de personne ou de chose.

  *L'<u>exposition</u> **que** je visite est géniale.*

- **Où** remplace un complément de lieu.

  *Elle visite <u>la réserve</u> **où** on voit des éléphants d'Asie.*

- **Dont** remplace un complément avec **de**.

  *J'ai acheté un parfum **dont** j'adore <u>la publicité</u>.* (= la publicité de **ce parfum**)

  *Nous visiterons la ville **dont** <u>tu as parlé</u>.* (= parler de **la ville**)

- On utilise **c'est... qui / c'est... que** pour mettre en relief une information.

  J'ai trouvé un paquet devant la porte.   → ***C'est un** paquet **que** j'ai trouvé devant la porte.*

  Il faut du vert sur ton affiche.   → ***C'est** du vert **qu'**il faut sur ton affiche.*

4 La phrase simple

Le comparatif

Pour faire une comparaison, on utilise :

	Adjectif	Nom	Verbe
+	plus + _calme_ + que	plus de + _collègues_ + que plus d' + _amis_ + que	_parler_ + plus que
–	moins + _calme_ + que	moins de + _collègues_ + que moins d' + _amis_ + que	_parler_ + moins que
=	aussi + _calme_ + que	autant de + _collègues_ + que autant d' + _amis_ + que	_parler_ + autant que

• Pour comparer, on peut utiliser les pronoms toniques.　　　Il est _aussi_ fort _que_ **moi**.

• Bien → _mieux_ : Le travail, c'est _bien_, mais les vacances c'est **mieux** (**que** le travail) !
　Bon → _meilleur_ : Ton projet est _bon_, mais mon idée est **meilleure** (**que** ton projet).

Le superlatif

Pour **comparer** quelque chose ou quelqu'un dans un ensemble, on utilise :
• le / la / les plus, le / la / les moins + un adjectif ou un adverbe.
　Le chien est l'animal **le plus** _fidèle_.
　Le chien est **le plus** _fidèle_ des animaux.

• le plus de, le moins de + nom.　　　C'est dans cette région qu'il y a **le plus de** _soleil_.

• Bien → _le mieux._ / Bon → _le meilleur._　　**Les meilleurs** _fruits_ poussent au soleil.

5 La phrase complexe

L'interrogation

• Pour poser une question **informelle** on peut :
　- monter la voix et ajouter un **?** : Vous habitez ici **?**
　- utiliser le pronom interrogatif en fin de phrase : Vous habitez **où ?**
　- ajouter **est-ce que** : **Est-ce que** vous habitez ici ? / **Où est-ce que** vous habitez ?
　Qu'est-ce qu'il fait ? (formel) / Il fait quoi ? (informel)

• Pour poser une question **formelle** on peut :
　- mettre le verbe avant le sujet.
　Habitez-vous ici ? / **A-t-elle** un appartement ici ? (Le **-t-** fait la liaison entre les deux voyelles.)
　- utiliser un pronom interrogatif en début de phrase.
　Où habitez-vous ?

Le discours rapporté

• Pour écrire **au discours direct**, on utilise les guillemets (**« ... »**) ou les tirets (**–**).
　Lucie dit : « Je travaille avec mon père. ». / Manon demande : « Tu es secrétaire ? »
　Lucie : – Je travaille avec mon père. / Manon : – Tu es secrétaire ?

• Pour **rapporter le discours** de quelqu'un, on utilise :
　- pour **une information** : dire que..., penser que...
　Lucie **dit qu'**elle travaille avec son père.
　- pour **une question** : demander si..., demander ce que..., demander de...
　Manon **demande si** Lucie est secrétaire. Elle lui **demande ce qu'**elle fait dans son bureau.
　Elle lui **demande de** raconter sa journée.

Précis grammatical

- Au **discours rapporté**, on utilise les pronoms et les possessifs à la **troisième personne**.

Clara demande à Manon : « Tu viens avec ton ami ? » → *Elle lui demande si **elle** vient avec **son** ami.*

Attention !
- Si + il(s) = s'il(s) **mais** si + elle(s) = *ne change pas.*

L'hypothèse

- Pour exprimer une hypothèse, on utilise la forme **si** + présent.

- **Si** + présent est suivi d'une phrase
  - au présent : *Si je travaille avec vous, je vous **fais** ces affiches.*
  - à l'impératif : *Si tu aimes les films publicitaires, **viens** avec moi !*
  - au futur proche : *Si elles partent avec Pierre, elles **vont s'amuser**.*
  - au futur simple : *Si tu réussis ton examen, on **partira** au Brésil.*

- On peut changer l'ordre des phrases.
On partira au Brésil si tu réussis ton examen.

La cause et la conséquence

La cause donne une **explication**. La conséquence montre un **résultat**.
- Pour **exprimer la cause**, on répond à la question **pourquoi ?** et on utilise :
  - **parce que** + verbe conjugué.
  - *Nous voulons discuter du projet.*
  - *Pourquoi ?* - ***Parce qu'**il ne nous plaît pas.*
  - **à cause de** + nom / pronom : cause négative. **Grâce à** + nom / pronom : cause positive.
    *Je suis en retard **à cause de** toi.*

- Pour **exprimer la conséquence**, on utilise : **donc / c'est pour cela que / c'est pour ça que**.
*J'aime beaucoup la nature, **donc** je vais souvent dans les parcs.*
*Ils sont contre ce projet. **C'est pour ça qu'**ils se réunissent.*

Le but

On utilise **pour** pour exprimer le but.
+ verbe : *J'achète des légumes **pour** préparer une ratatouille.*
+ nom : *Je vais à Rio **pour** le carnaval.*
+ pronom : *J'écris ce poème **pour** toi.*

Le doute et la peur

	Subjonctif	Infinitif
Exprimer le doute	*douter que :* **Je doute que** nous <u>fassions</u> ce voyage.	*douter de :* **Je doute de** <u>faire</u> ce voyage.
	ne pas penser que / ne pas croire que : **Je ne crois pas qu'**elle <u>accepte</u> cette idée.	*ne pas penser / ne pas croire :* **Je ne pense pas** <u>accepter</u> cette proposition.
Exprimer la peur	*avoir peur que :* **J'ai peur qu'**il n'<u>ait</u> pas ce travail.	*avoir peur de :* **J'ai peur de** <u>perdre</u> ce travail.

L'interdiction

- À l'oral, on utilise **il est interdit de / il est défendu de** + infinitif.   ***Il est interdit de** marcher sur la pelouse.*

- À l'écrit, on utilise **interdit de / défense de** + infinitif.   ***Défense de** téléphoner pendant les examens.*

Le souhait, l'espoir

- On utilise le **subjonctif** avec les expressions du souhait ou de l'espoir.
Je souhaite qu'il <u>trouve</u> vite un travail ! / Vous aimeriez que votre chef <u>soit</u> absent ?

- Avec **espérer que**, on utilise le **présent**, le **passé composé**, le **futur simple** ou le **futur proche**.
J'espère que tu <u>vas arrêter</u> de travailler !

Conjugaison

Infinitif	Être	Avoir	S'appeler	Aller	Choisir	Devoir	Faire	Lire
Indicatif Présent	je suis tu es il est nous sommes vous êtes ils sont	j'ai tu as il a nous avons vous avez ils ont	je m'appelle tu t'appelles il s'appelle nous nous appelons vous vous appelez ils s'appellent	je vais tu vas il va nous allons vous allez ils vont	je choisis tu choisis il choisit nous choisissons vous choisissez ils choisissent	je dois tu dois il doit nous devons vous devez ils doivent	je fais tu fais il fait nous faisons vous faites ils font	je lis tu lis il lit nous lisons vous lisez ils lisent
Imparfait	j'étais tu étais il était nous étions vous étiez ils étaient	j'avais tu avais il avait nous avions vous aviez ils avaient	je m'appelais tu t'appelais il s'appelait nous nous appelions vous vous appeliez ils s'appelaient	j'allais tu allais il allait nous allions vous alliez ils allaient	je choisissais tu choisissais il choisissait nous choisissions vous choisissiez ils choisissaient	je devais tu devais il devait nous devions vous deviez ils devaient	je faisais tu faisais il faisait nous faisions vous faisiez ils faisaient	je lisais tu lisais il lisait nous lisions vous lisiez ils lisaient
Passé composé	j'ai été tu as été il a été nous avons été vous avez été ils ont été	j'ai eu tu as eu il a eu nous avons eu vous avez eu ils ont eu	je me suis appelé tu t'es appelé il s'est appelé nous nous sommes appelés vous vous êtes appelés ils se sont appelés	je suis allé tu es allé il est allé nous sommes allés vous êtes allés ils sont allés	j'ai choisi tu as choisi il a choisi nous avons choisi vous avez choisi ils ont choisi	j'ai dû tu as dû il a dû nous avons dû vous avez dû ils ont dû	j'ai fait tu as fait il a fait nous avons fait vous avez fait ils ont fait	j'ai lu tu as lu il a lu nous avons lu vous avez lu ils ont lu
Futur	je serai tu seras il sera nous serons vous serez ils seront	j'aurai tu auras il aura nous aurons vous aurez ils auront	je m'appellerai tu t'appelleras il s'appellera nous nous appellerons vous vous appellerez ils s'appelleront	j'irai tu iras il ira nous irons vous irez ils iront	je choisirai tu choisiras il choisira nous choisirons vous choisirez ils choisiront	je devrai tu devras il devra nous devrons vous devrez ils devront	je ferai tu feras il fera nous ferons vous ferez ils feront	je lirai tu liras il lira nous lirons vous lirez ils liront
Subjonctif Présent	que je sois que tu sois qu'il soit que nous soyons que vous soyez qu'ils soient	que j'aie que tu aies qu'il ait que nous ayons que vous ayez qu'ils aient	que je m'appelle que tu t'appelles qu'il s'appelle que nous nous appelions que vous vous appeliez qu'ils s'appellent	que j'aille que tu ailles qu'il aille que nous allions que vous alliez qu'ils aillent	que je choisisse que tu choisisses qu'il choisisse que nous choisissions que vous choisissiez qu'ils choisissent	que je doive que tu doives qu'il doive que nous devions que vous deviez qu'ils doivent	que je fasse que tu fasses qu'il fasse que nous fassions que vous fassiez qu'ils fassent	que je lise que tu lises qu'il lise que nous lisions que vous lisiez qu'ils lisent
Conditionnel Présent	je serais tu serais il serait nous serions vous seriez ils seraient	j'aurais tu aurais il aurait nous aurions vous auriez ils auraient	je m'appellerais tu t'appellerais il s'appellerait nous nous appellerions vous vous appelleriez ils s'appelleraient	j'irais tu irais il irait nous irions vous iriez ils iraient	je choisirais tu choisirais il choisirait nous choisirions vous choisiriez ils choisiraient	je devrais tu devrais il devrait nous devrions vous devriez ils devraient	je ferais tu ferais il ferait nous ferions vous feriez ils feraient	je lirais tu lirais il lirait nous lirions vous liriez ils liraient
Impératif Présent	sois soyons soyez	aie ayons ayez	appelle-toi... appelons-nous... appelez-vous...	va allons allez	choisis choisissons choisissez	dois devons devez	fais faisons faites	lis lisons lisez

Conjugaison

Infinitif	Mettre	Partir	Pouvoir	Prendre	Savoir	Venir	Voir	Vouloir
Indicatif Présent	je mets tu mets il met nous mettons vous mettez ils mettent	je pars tu pars il part nous partons vous partez ils partent	je peux tu peux il peut nous pouvons vous pouvez ils peuvent	je prends tu prends il prend nous prenons vous prenez ils prennent	je sais tu sais il sait nous savons vous savez ils savent	je viens tu viens il vient nous venons vous venez ils viennent	je vois tu vois il voit nous voyons vous voyez ils voient	je veux tu veux il veut nous voulons vous voulez ils veulent
Imparfait	je mettais tu mettais il mettait nous mettions vous mettiez ils mettaient	je partais tu partais il partait nous partions vous partiez ils partaient	je pouvais tu pouvais il pouvait nous pouvions vous pouviez ils pouvaient	je prenais tu prenais il prenait nous prenions vous preniez ils prenaient	je savais tu savais il savait nous savions vous saviez ils savaient	je venais tu venais il venait nous venions vous veniez ils venaient	je voyais tu voyais il voyait nous voyions vous voyiez ils voyaient	je voulais tu voulais il voulait nous voulions vous vouliez ils voulaient
Passé composé	j'ai mis tu as mis il a mis nous avons mis vous avez mis ils ont mis	je suis parti tu es parti il est parti nous sommes partis vous êtes partis ils sont partis	j'ai pu tu as pu il a pu nous avons pu vous avez pu ils ont pu	j'ai pris tu as pris il a pris nous avons pris vous avez pris ils ont pris	j'ai su tu as su il a su nous avons su vous avez su ils ont su	je suis venu tu es venu il est venu nous sommes venus vous êtes venus ils sont venus	j'ai vu tu as vu il a vu nous avons vu vous avez vu ils ont vu	j'ai voulu tu as voulu il a voulu nous avons voulu vous avez voulu ils ont voulu
Futur	je mettrai tu mettras il mettra nous mettrons vous mettrez ils mettront	je partirai tu partiras il partira nous partirons vous partirez ils partiront	je pourrai tu pourras il pourra nous pourrons vous pourrez ils pourront	je prendrai tu prendras il prendra nous prendrons vous prendrez ils prendront	je saurai tu sauras il saura nous saurons vous saurez ils sauront	je viendrai tu viendras il viendra nous viendrons vous viendrez ils viendront	je verrai tu verras il verra nous verrons vous verrez ils verront	je voudrai tu voudras il voudra nous voudrons vous voudrez ils voudront
Subjonctif Présent	que je mette que tu mettes qu'il mette que nous mettions que vous mettiez qu'ils mettent	que je parte que tu partes qu'il parte que nous partions que vous partiez qu'ils partent	que je puisse que tu puisses qu'il puisse que nous puissions que vous puissiez qu'ils puissent	que je prenne que tu prennes qu'il prenne que nous prenions que vous preniez qu'ils prennent	que je sache que tu saches qu'il sache que nous sachions que vous sachiez qu'ils sachent	que je vienne que tu viennes qu'il vienne que nous venions que vous veniez qu'ils viennent	que je voie que tu voies qu'il voie que nous voyions que vous voyiez qu'ils voient	que je veuille que tu veuilles qu'il veuille que nous voulions que vous vouliez qu'ils veuillent
Conditionnel Présent	je mettrais tu mettrais il mettrait nous mettrions vous mettriez ils mettraient	je partirais tu partirais il partirait nous partirions vous partiriez ils partiraient	je pourrais tu pourrais il pourrait nous pourrions vous pourriez ils pourraient	je prendrais tu prendrais il prendrait nous prendrions vous prendriez ils prendraient	je saurais tu saurais il saurait nous saurions vous sauriez ils sauraient	je viendrais tu viendrais il viendrait nous viendrions vous viendriez ils viendraient	je verrais tu verrais il verrait nous verrions vous verriez ils verraient	je voudrais tu voudrais il voudrait nous voudrions vous voudriez ils voudraient
Impératif Présent	mets mettons mettez	pars partons partez	*N'existe pas*	prends prenons prenez	sache sachons sachez	viens venons venez	vois voyons voyez	veuille voulons veuillez

Carte de la francophonie

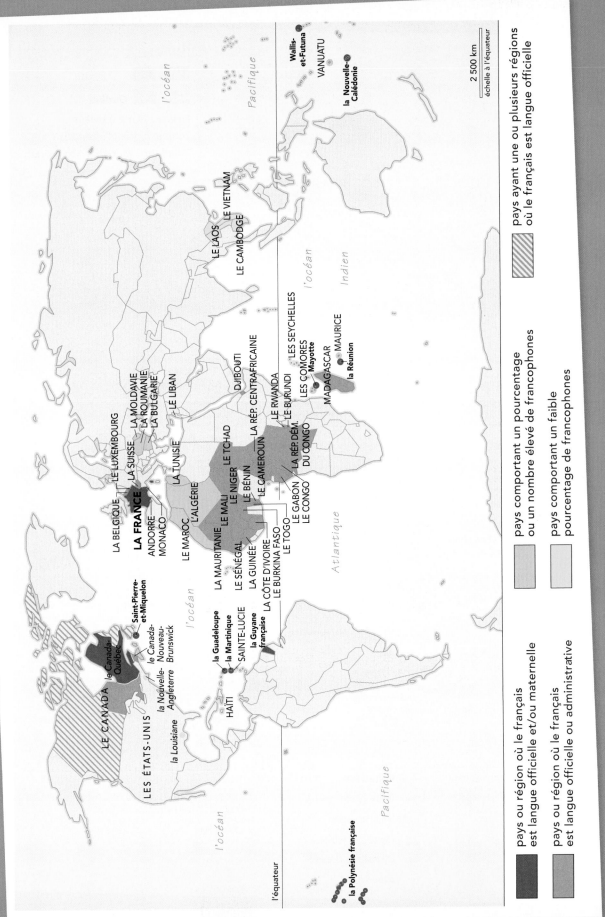

pays ou région où le français est langue officielle et/ou maternelle

pays ou région où le français est langue officielle ou administrative

pays comportant un pourcentage ou un nombre élevé de francophones

pays comportant un faible pourcentage de francophones

pays ayant une ou plusieurs régions où le français est langue officielle

2 500 km
échelle à l'équateur

LE CANADA
le Canada-Québec
le Canada-Nouveau-Brunswick
Saint-Pierre-et-Miquelon
LES ÉTATS-UNIS
la Louisiane
la Nouvelle-Angleterre
HAÏTI
la Guadeloupe
la Martinique
SAINTE-LUCIE
la Guyane française
LA CÔTE D'IVOIRE
LE BURKINA FASO
LE TOGO

LA BELGIQUE
LE LUXEMBOURG
LA FRANCE
LA SUISSE
ANDORRE
MONACO
LE MAROC
L'ALGÉRIE
LA TUNISIE
LA MAURITANIE
LE SÉNÉGAL
LA GUINÉE
LE MALI
LE NIGER
LE TCHAD
LE BÉNIN
LE CAMEROUN
LE GABON
LE CONGO
LA RÉP. DÉM. DU CONGO
LA RÉP. CENTRAFRICAINE
LE RWANDA
LE BURUNDI
DJIBOUTI

LA MOLDAVIE
LA ROUMANIE
LA BULGARIE
LE LIBAN
LE LAOS
LE VIETNAM
LE CAMBODGE

LES COMORES
Mayotte
MADAGASCAR
MAURICE
la Réunion
LES SEYCHELLES

Wallis-et-Futuna
VANUATU
la Nouvelle-Calédonie

la Polynésie française

l'océan Pacifique
l'océan Atlantique
l'océan Indien
l'océan Pacifique
l'équateur

Cartes de pays francophones

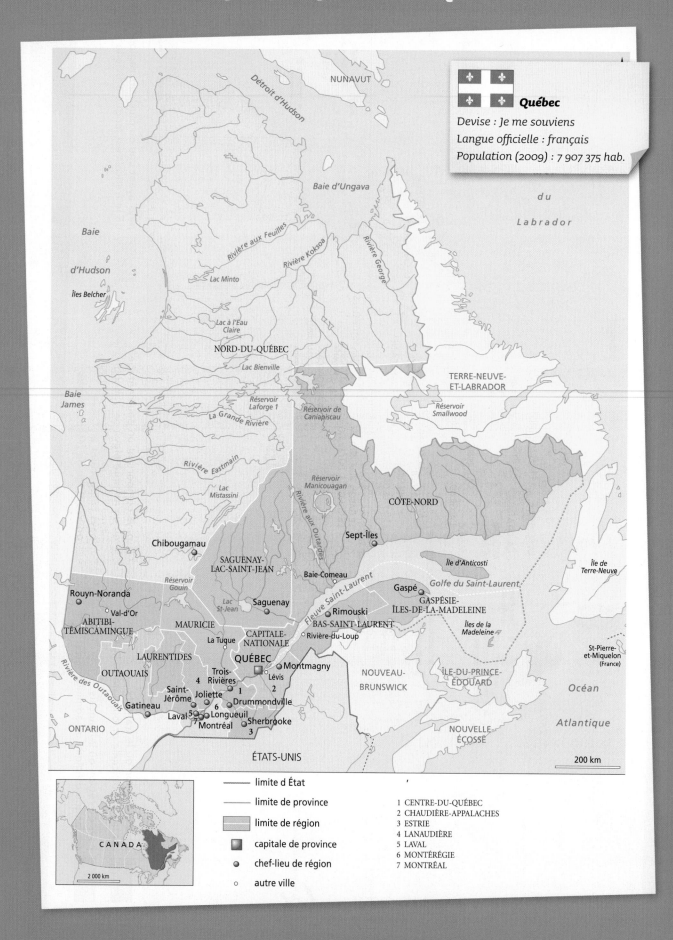

Québec

Devise : *Je me souviens*
Langue officielle : *français*
Population (2009) : 7 907 375 hab.

NUNAVUT

Détroit d'Hudson

Baie d'Ungava

du

Labrador

Rivière aux Feuilles

Rivière Koksoa

Rivière George

Baie

d'Hudson

Lac Minto

Îles Belcher

Lac à l'Eau Claire

NORD-DU-QUÉBEC

Lac Bienville

TERRE-NEUVE-ET-LABRADOR

Baie James

Réservoir Laforge 1

La Grande Rivière

Réservoir de Caniapiscau

Réservoir Smallwood

Rivière Eastmain

Lac Mistassini

Réservoir Manicouagan

Rivière aux Outardes

CÔTE-NORD

Île de Terre-Neuve

Chibougamau

SAGUENAY-LAC-SAINT-JEAN

Sept-Îles

Île d'Anticosti

Réservoir Gouin

Baie-Comeau

Golfe du Saint-Laurent

Rouyn-Noranda

Lac St-Jean

Saguenay

Gaspé

GASPÉSIE-ÎLES-DE-LA-MADELEINE

Val-d'Or

Fleuve Saint-Laurent

Rimouski

BAS-SAINT-LAURENT

Îles de la Madeleine

ABITIBI-TÉMISCAMINGUE

MAURICIE

La Tuque

CAPITALE-NATIONALE

Rivière-du-Loup

St-Pierre-et-Miquelon (France)

LAURENTIDES

QUÉBEC

Montmagny

OUTAOUAIS

Rivière des Outaouais

Trois-Rivières

Lévis

NOUVEAU-BRUNSWICK

ÎLE-DU-PRINCE-ÉDOUARD

Océan

Saint-Jérôme

Joliette

4

1

2

Gatineau

Laval

6

Drummondville

Atlantique

5

Longueuil

7

Montréal

Sherbrooke

NOUVELLE-ÉCOSSE

ONTARIO

3

ÉTATS-UNIS

200 km

CANADA

2 000 km

— limite d'État

— limite de province

limite de région

capitale de province

chef-lieu de région

autre ville

1 CENTRE-DU-QUÉBEC
2 CHAUDIÈRE-APPALACHES
3 ESTRIE
4 LANAUDIÈRE
5 LAVAL
6 MONTÉRÉGIE
7 MONTRÉAL

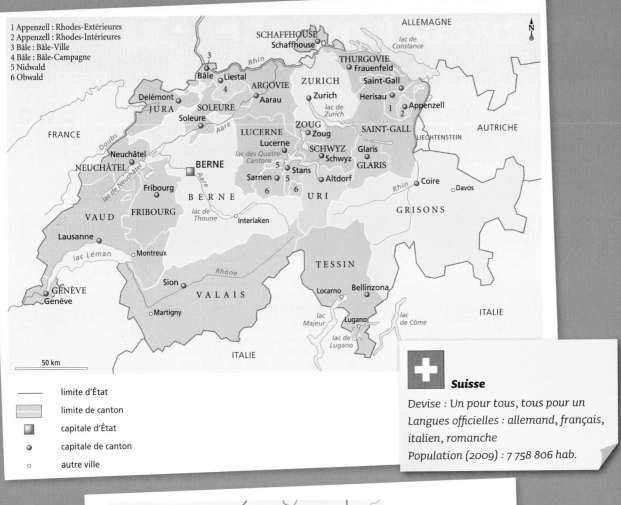

1 Appenzell : Rhodes-Extérieures
2 Appenzell : Rhodes-Intérieures
3 Bâle : Bâle-Ville
4 Bâle : Bâle-Campagne
5 Nidwald
6 Obwald

ALLEMAGNE

SCHAFFHOUSE
Schaffhouse

lac de
Constance

THURGOVIE
Frauenfeld

Rhin

Bâle   Liestal
3
4   ARGOVIE
Delémont   Aarau

ZURICH
Zurich

Saint-Gall
SAINT-GALL
Herisau

1   Appenzell
2

AUTRICHE

JURA   SOLEURE
Soleure

Aare

LUCERNE
Lucerne

ZOUG
Zoug

SCHWYZ
Schwyz

Glaris
GLARIS

LIECHTENSTEIN

FRANCE

NEUCHÂTEL
Neuchâtel

lac de Neuchâtel

BERNE

lac des Quatre-
Cantons
5   Stans
Sarnen   5
6   6

SAINT-GALL

Altdorf

Coire
Davos

Fribourg

BERNE

URI

Rhin

GRISONS

Doubs

Aare

VAUD   FRIBOURG

lac de
Thoune   Interlaken

Lausanne

lac Léman   Montreux

Sion
VALAIS

Rhône

TESSIN

GÉNÈVE
Genève

Martigny

Locarno   Bellinzona

lac
Majeur   Lugano

lac
de Côme

ITALIE

50 km

ITALIE

lac de
Lugano

N

——————   limite d'État

limite de canton

capitale d'État

capitale de canton

autre ville

Suisse

Devise : Un pour tous, tous pour un
Langues officielles : allemand, français,
italien, romanche
Population (2009) : 7 758 806 hab.

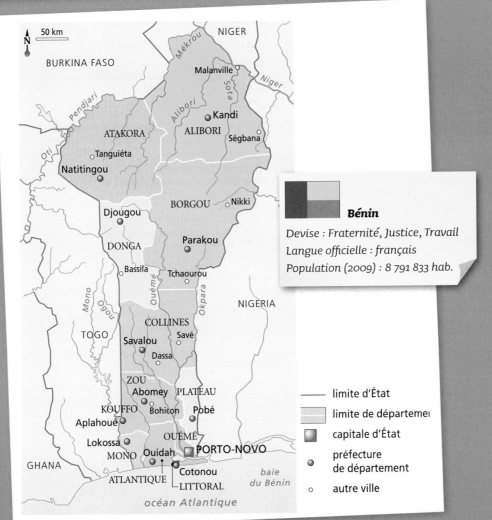

50 km
N

BURKINA FASO

NIGER

Mékrou

Malanville

Niger

Pendjari

Alibori

Sota

Oti

ATAKORA

ALIBORI
Kandi

Ségbana

Tanguiéta

Natitingou

BORGOU
Nikki

Djougou

DONGA

Parakou

Bassila

Ouémé

Tchaourou

Okpara

Ogou

NIGERIA

Mono

COLLINES

TOGO   Savé

Savalou
Dassa

ZOU
Abomey   PLATEAU
KOUFFO   Bohicon   Pobé

Aplahoué

OUÉMÉ

Lokossa

GHANA   Ouidah   PORTO-NOVO

MONO
ATLANTIQUE   Cotonou
LITTORAL

baie
du Bénin

océan Atlantique

———   limite d'État

limite de départemen

capitale d'État

préfecture
de département

autre ville

Bénin

Devise : Fraternité, Justice, Travail
Langue officielle : français
Population (2009) : 8 791 833 hab.

Auto-évaluation

	Objectifs communicatifs	⚪	☁	🌧	Grammaire	⚪	☁	🌧
Jour 1	• Entrer en contact (p. 11). *S'il vous plaît monsieur, madame...*	☐	☐	☐	• L'interrogation (p. 12). *Qui est-ce ? D'où vient-il ? Que fait-il ? Vous habitez où ?*	☐	☐	☐
	• Décrire le physique d'une personne (p. 11). *Il est laid. Elle est belle.*	☐	☐	☐	• Les articles définis et indéfinis (p. 12). *J'ai de la chance, j'arrive dans une ville magnifique et je trouve un appartement au 3ᵉ étage. Il y a du soleil, la mer et des voisins sympas.*	☐	☐	☐
	• Parler de ses centres d'intérêt (p. 16). *Je joue au tennis, je fais de la musique.*	☐	☐	☐	• La phrase complexe (p. 18). *C'est moi qui l'ai fait !*	☐	☐	☐
	• Comprendre et être compris (p. 17). *Pardon ? Qu'est-ce que vous avez dit ?*	☐	☐	☐	• Les pronoms indéfinis *quelqu'un / personne, quelque chose / rien* (p. 18). *- Il y a quelqu'un ? - Non, il n'y a personne ! - Tu as vu quelque chose ? - Non, rien.*	☐	☐	☐
					• La négation *ne... pas, ne... plus, ne... rien, ne... personne, ne... jamais* (p. 18). *Tu n'as pas faim ? / Tu ne manges plus à midi ?*	☐	☐	☐
					• L'expression du but (p. 19). *Il a une place pour le concert de demain.*	☐	☐	☐
Jour 2	• Décrire un vêtement (p. 26). *Un pantalon en cuir.*	☐	☐	☐	• Le présent (p. 28). *- Ils font des soldes dans ce magasin ? - Je ne sais pas, je ne vois pas d'affiche de soldes.*	☐	☐	☐
	• Conseiller (p. 27). *Vous devriez essayer le pantalon en 44.*	☐	☐	☐	• Le conditionnel de politesse (p. 28). *- Les vêtements sont chers ici ! - Eh bien, vous devriez attendre les soldes !*	☐	☐	☐
	• S'informer sur les moyens de paiement (p. 27). *Vous payez en liquide, par chèque ou par carte ?*	☐	☐	☐	• L'adjectif *quel* (p. 29). *- Quel vêtement tu préfères ? La jupe ou le pantalon ? - La jupe ! Quel style !*	☐	☐	☐
	• Décrire un objet (p. 33). *Une table ovale.*	☐	☐	☐	• Les pronoms relatifs : révision *qui, que* / la mise en relief *c'est... qui, c'est... que* (p. 34).	☐	☐	☐
	• Exprimer des changements (p. 33). *Avant et après les travaux.*	☐	☐	☐	*Un pronom relatif : c'est un petit mot qui relie deux phrases et qui évite la répétition.* • La restriction *ne... que, seulement* (p. 34). *Visites de groupes seulement sur réservation. Les visites de groupes n'ont lieu que le matin.*	☐	☐	☐
					• L'imparfait (p. 35). *J'avais des livres en tissu quand j'étais petit.*	☐	☐	☐
Jour 3	• Situer et localiser (p. 42). *C'est au bout de la rue.*	☐	☐	☐	• Le pronom relatif *où* (p. 44). *Cet article parle du village où nous sommes allés.*	☐	☐	☐
	• Raconter des événements (p. 43). *D'abord, le matin, j'ai pris des cours de ski, ensuite, l'après-midi...*	☐	☐	☐	• Les pronoms de lieu *en* et *y* (p. 44). *- Elle part à la montagne cette semaine ? - Non, elle en revient. Elle y était la semaine dernière.*	☐	☐	☐
					• Le passé récent / Le présent continu / Le futur proche (p. 45). *- Allô, Pierre ? Tu arrives bientôt ? - Oui, oui. Je viens de prendre ma douche et je suis en train de m'habiller. Je vais sortir dans dix minutes.*	☐	☐	☐
	• Décrire un environnement (p. 48). *Dans ma région, il y a un lac.*	☐	☐	☐	• Les pronoms COD et COI (p. 50). *- Tu lui donnes le plan pour venir ? - Non, elle l'a déjà.*	☐	☐	☐
	• Expliquer le fonctionnement d'un appareil (p. 49). *Appuyer sur le bouton « marche ».*	☐	☐	☐	• L'impératif (p. 50). *Prêts ? Partez !*	☐	☐	☐
	• Donner une instruction (p. 49). *Prenez vos vélos !*	☐	☐	☐	• L'expression de l'interdiction (p. 51). *Ne pas utiliser la montre dans l'eau. Défense d'allumer les téléphones !*	☐	☐	☐

Évaluation 1 (p. 56-59)

	Objectifs communicatifs	⚪	☁	🌧	Grammaire	⚪	☁	🌧
Jour 4	• Parler de son quartier (p. 63). *Dans mon quartier, il y a un stade où je fais du sport avec mes amis.*	☐	☐	☐	• Le futur simple (p. 64). *- Demain, je participerai à la fête des jardins. - Nous y serons aussi !*	☐	☐	☐
	• Exprimer des décisions collectives (p. 63). *Notre association est pour la rénovation du jardin.*	☐	☐	☐	• Les expressions temporelles du futur (p. 64). *- Tu viens ? - Pas maintenant, je travaille. Tout à l'heure. - Mais quand ? - J'arriverai plus tard.*	☐	☐	☐
					• La cause et la conséquence (p. 64). *Les travaux sont arrêtés à cause de la pluie. Donc l'association n'organise plus la réunion.*	☐	☐	☐
	• Exprimer des sentiments (p. 68). *Je ne suis pas contente, mais pas contente du tout !*	☐	☐	☐	• L'accord des adjectifs (p. 70). *Elle est vraiment déçue.*	☐	☐	☐
	• Décrire un état physique (p. 69). *Arthur Tabobo s'est fait mal.*	☐	☐	☐	• La place et la forme des adjectifs (p. 70). *Elle a fait un bon choix pour son nouvel achat !*	☐	☐	☐
	• Exprimer la fréquence (p. 69). *La ceinture est souvent tombée en panne.*	☐	☐	☐	• Le passé composé (p. 70). *Je suis tombée par terre, mais je n'ai pas eu mal.*	☐	☐	☐

Je m'auto-évalue : à la fin de chaque rendez-vous, je lis les objectifs communicatifs et les points de grammaire. Je coche :

◉ : j'ai tout compris !

☁ : je retourne à la page indiquée et je relis le tableau.

☁ : je retourne à la page indiquée et je refais les activités du livre et du cahier d'activités.

	Objectifs communicatifs	◉	☁	☁	Grammaire	◉	☁	☁
Jour 5	• Décrire le caractère d'une personne (p. 78). *Elle est joyeuse, drôle et bavarde.*	☐	☐	☐	• Le comparatif (p. 80). - *Ton chef est **plus** jeune **que** mon directeur !* - *Oui, d'accord, mais il est **aussi** compétent **que** lui !*	☐	☐	☐
	• Demander et reprendre la parole (p. 79). *Je voudrais dire que... (euh... zut ! J'ai oublié !) Laissez-moi parler... (euh... voilà, je ne sais plus !)*	☐	☐	☐	• Le discours rapporté au présent (p. 80). - *Vous êtes au téléphone avec qui ?* - *Avec M. Leduc. **Il demande si** vous pouvez venir.*	☐	☐	☐
	• Exprimer l'enthousiasme (p. 84). *C'est super ça ! Très bonne idée !*	☐	☐	☐	• L'expression de la quantité (p. 86). - *Tu as **assez de** bananes pour les singes ? - Oui, ça va. Mon sac est **plein**.*	☐	☐	☐
	• Exprimer l'accord et le désaccord (p. 85). *Je suis complètement d'accord, c'est totalement faux !*	☐	☐	☐	- *Il y a **encore** des carottes pour les éléphants ? - Oui, il **en reste**.* • Le superlatif (p. 87). *C'est en Afrique qu'on trouve **le plus d'**animaux sauvages.*	☐	☐	☐
Jour 6	• Raconter des souvenirs (p. 94). *C'était dans les années 1970, **il faisait** beau et **nous étions** heureux d'être ensemble.*	☐	☐	☐	• L'alternance imparfait / passé composé (p. 96). *Hier, **j'étais** à la plage ; je **discutais** avec mes amis et Fabrice **est arrivé** avec une nouvelle petite amie.*	☐	☐	☐
	• Se situer dans le temps (p. 95). *Il y a un an, je suis allé en Alaska.*	☐	☐	☐	• Les indicateurs de temps (p. 96). *J'ai dormi **de** 9 h du soir **à** 11 h du matin !*	☐	☐	☐
	• Parler d'un événement (p. 100). *Le meilleur spectacle musical de l'année grâce à ses artistes pleins de talent.*	☐	☐	☐	• Les adjectifs possessifs (révision) (p. 102). ***Mon** manège à moi, c'est toi !* • Les pronoms possessifs (p. 102).	☐	☐	☐
	• Donner son avis (p. 101). *À mon avis, les danseurs ne sont pas bons.*	☐	☐	☐	- *Tu as un beau costume ! - **Le tien** n'est pas mal non plus !* • Les pronoms démonstratifs (p. 103). *C'est **celui** que j'aime.*	☐	☐	☐

Évaluation 2 (p. 108-113)

	Objectifs communicatifs	◉	☁	☁	Grammaire	◉	☁	☁
Jour 7	• Communiquer à distance (p. 116). *Taper 1 pour confirmer.*	☐	☐	☐	• Le gérondif (p. 118). *J'ai perdu la tête **en écrivant** à Louisette.*	☐	☐	☐
	• Interagir avec l'administration (p. 117). *J'ai besoin d'un **formulaire de demande de passeport**.*	☐	☐	☐	• Les adjectifs : tout, tous, toute, toutes, chaque, plusieurs, quelques (p. 118). *Il me téléphone **tous** les jours, du lundi au vendredi, et le week-end aussi !*	☐	☐	☐
	• Décrire un document publicitaire (p. 123). *Un slogan est un texte court et « choc ».*	☐	☐	☐	• L'hypothèse si + présent (p. 124). ***Si nous allons** à Québec, nous verrons le festival d'été !*	☐	☐	☐
	• Exprimer une hypothèse (p. 123). ***Si** le rouge ne va pas, mets du bleu.*	☐	☐	☐	• Le pronom relatif dont (p. 124). *C'est l'affiche **dont** je parle dans ma présentation.*	☐	☐	☐
Jour 8	• Décrire son parcours professionnel (p. 132). *Vendeur pour le conseil et la vente.*	☐	☐	☐	• La formation du subjonctif présent (p. 134). *Il faut **que nous parlions** de ton CV, mais il faut d'abord **que tu trouves** une petite annonce !*	☐	☐	☐
	• Exprimer une obligation / une interdiction (p. 133). *Une expérience de vendeur de 1 à 2 ans minimum est **nécessaire**.*	☐	☐	☐	• L'obligation, l'interdiction : il est nécessaire que / il ne faut pas que... + subjonctif (p. 134). - ***Il faut que je sois** là demain ? - Oui, **c'est obligatoire que nous soyons** tous là !*	☐	☐	☐
	• Exprimer un souhait / un espoir (p. 133). *Manuel **voudrait** un travail pour gagner beaucoup d'argent.*	☐	☐	☐	• Le souhait, l'espoir : je souhaite que... + subjonctif / j'espère que... + indicatif (p. 135). - ***Vous souhaitez que** votre chef soit sympa, c'est ça ?* - *Oui, **j'aimerais bien qu'**il travaille aussi !*	☐	☐	☐
	• Parler d'une relation sentimentale (p. 139). *Mes parents **sont mariés** depuis...*	☐	☐	☐	• Le conditionnel présent (p. 140). *Si nous avions beaucoup d'argent, **nous pourrions** faire le tour du monde. **J'écrirais** un journal de voyage.*	☐	☐	☐
	• Exprimer des projets de vie (p. 139). *Nous **voulions vivre** une aventure, mais laquelle ?*	☐	☐	☐	• Les pronoms interrogatifs composés (p. 140). ***Pour quel** projet ? **Dans combien** de temps ? **Avec qui** ? Nous n'avons pas de réponse.*	☐	☐	☐
Jour 9	• Décrire un lieu (p. 148). *Naples est une ville magnifique !*	☐	☐	☐	• Le plus-que-parfait (p. 150). *Il **était arrivé** au Portugal en 2001 ; il est reparti en 2005.*	☐	☐	☐
	• Parler d'une relation amicale (p. 149). *Pour moi **un copain**, c'est quelqu'un qui...*	☐	☐	☐	• La formation des adverbes en -ment (p. 151). *C'est **vraiment** une bonne idée !*	☐	☐	☐
	• Exprimer des sentiments (p. 154). *J'**ai peur d'**avoir oublié mon sac.*	☐	☐	☐	• L'expression du doute et de la peur : je doute que / j'ai peur que + subjonctif... (p. 156). *Mathieu **doute qu'**elle lui **fasse** une surprise pour son anniversaire.*	☐	☐	☐
	• Prendre une décision (p. 155). *Il **a décidé** de partir au Mexique.* • Écrire une lettre (p. 155). *Madame, Monsieur... Cordialement...*	☐	☐	☐	• Les expressions temporelles : depuis (que), il y a, jusqu'à, pendant (p. 156). ***Depuis que** j'ai arrêté de fumer, je n'ai pas pris un kilo !*	☐	☐	☐

Évaluation 3 (p. 162-167)

DVD- ROM

Contenus : audio du livre de l'élève, 8 vidéos des pages « Culture-Vidéo », 27 activités auto-correctives, portfolio, lexique multilingue.

Pistes de l'audio

Jour 1   Marseille – RVD1 / Arrivée à Marseille

2	À découvrir – activités 1 et 2 (page 11)
3	À découvrir – activité 4 (page 11)
4	À savoir, à prononcer – activité 1 (page 13)
5	À savoir, à prononcer – activité 2 (page 13)
6	À savoir, à prononcer – activité 3 (page 13)
7	À faire – activités 1 et 2 (page 14)

Jour 1   Marseille – RVD2 / Temps libre

8	À découvrir – activités 1, 2, 8 et 9 (pages 16-17)
9	À savoir, à prononcer – activité 1 (page 19)
10	À savoir, à prononcer – activité 2 (page 19)
11	À savoir, à prononcer – activité 3 (page 19)
12	À faire – activité 3 (page 20)

Jour 2   Genève – RVD1 / Boutiques à Genève

13	À découvrir – activités 5, 6 et 9 (page 27)
14	À savoir, à prononcer – activité 1 (page 29)
15	À savoir, à prononcer – activité 2 (page 29)
16	À savoir, à prononcer – activité 3 (page 29)
17	À faire – activité 1 (page 30)

Jour 2   Genève – RVD2 / Retrouvailles

18	À découvrir – activité 2 (page 33)
19	À découvrir – activité 6 (page 33)
20	À savoir, à prononcer – activité 1 (page 35)
21	À savoir, à prononcer – activité 2 (page 35)
22	À savoir, à prononcer – activité 3 (page 35)
23	À faire – activité 1 (page 37)

Jour 3   Aoste – RVD1 / A la montagne

24	À découvrir – activités 1 à 3 (page 42)
25	À savoir, à prononcer – activité 1 (page 45)
26	À savoir, à prononcer – activité 2 (page 45)
27	À savoir, à prononcer – activité 3 (page 45)
28	À faire – activité 1 (page 46)
29	À faire – activité 6 (page 47)

Jour 3   Aoste – RVD2 / Leçon de sport

30	À découvrir – activités 1, 3 et 7 (pages 48-49)
31	À savoir, à prononcer – activité 1 (page 51)
32	À savoir, à prononcer – activité 2 (page 51)
33	À savoir, à prononcer – activité 4 (page 51)
34	À faire – activité 4 (page 53)

Jour 4   Marseille – RVD1 / Voisins, voisines

35	À découvrir – activité 2 (page 63)
36	À savoir, à prononcer – activité 1 (page 65)
37	À savoir, à prononcer – activité 2 (page 65)
38	À savoir, à prononcer – activité 3 (page 65)
39	À faire – activité 1 (page 66)

Jour 4   Marseille – RVD2 / Un accident

40	À découvrir – activité 3 (page 68)
41	À savoir, à prononcer – activité 1 (page 71)
42	À savoir, à prononcer – activité 2 (page 71)
43	À faire – activité 1 (page 72)

Jour 5   Cotonou – RVD1 / A la conférence

44	À découvrir – activités 3 et 7 (pages 78-79)
45	À savoir, à prononcer – activité 1 (page 81)
46	À savoir, à prononcer – activité 3 (page 81)
47	À faire – activité 4 (page 83)

Jour 5   Cotonou – RVD2 / Parc naturel

48	À découvrir – activités 1 et 2 (page 84)
49	À savoir, à prononcer – activité 1 (page 87)
50	À savoir, à prononcer – activité 2 (page 87)
51	À faire – activité 4 (page 89)

Jour 6   Marseille – RVD1 / Retour de voyage

52	À découvrir – activités 2 et 7 (pages 94-95)
53	À savoir, à prononcer – activité 1 (page 97)
54	À savoir, à prononcer – activité 2 (page 97)
55	À faire – activité 1 (page 98)
56	À faire – activité 5 (page 99)

Jour 6   Marseille – RVD2 / Musique

57	À découvrir – activités 4, 5 et 8 (page 101)
58	À savoir, à prononcer – activité 1 (page 103)
59	À savoir, à prononcer – activité 2 (page 103)
60	À faire – activité 4 (page 105)

Jour 7   Montpellier – RVD1 / Projet de départ

61	À découvrir – activités 4 et 6 (page 117)
62	À savoir, à prononcer – activité 1 (page 119)
63	À savoir, à prononcer – activité 3 (page 119)
64	À faire – activité 4 (page 121)

Jour 7   Montpellier – RVD2 / Nuit de la pub

65	À découvrir – activités 1 et 5 (page 123)
66	À savoir, à prononcer – activité 1 (page 125)
67	À savoir, à prononcer – activité 3 (page 125)
68	À faire – activité 4 (page 127)

Jour 8   Québec – RVD1 / Un petit boulot

69	À découvrir – activités 2, 5 et 8 (page 133)
70	À découvrir – activité 9 (page 133)
71	À savoir, à prononcer – activité 1 (page 135)
72	À savoir, à prononcer – activité 2 (page 135)
73	À savoir, à prononcer – activité 3 (page 135)
74	À faire – activité 1 (page 136)

Jour 8   Québec – RVD2 / Nouvelle vie ?

75	À découvrir – activité 3 (page 139)
76	À savoir, à prononcer – activité 1 (page 141)
77	À savoir, à prononcer – activité 2 (page 141)
78	À faire – activité 5 (page 143)

Jour 9   Marseille – RVD1 / Mon ami québécois

79	À découvrir – activités 1, 2 et 6 (pages 148-149)
80	À savoir, à prononcer – activité 1 (page 151)
81	À savoir, à prononcer – activité 2 (page 151)
82	À faire – activité 4 (page 153)

Jour 9   Marseille – RVD2 / Partir ou pas

83	À savoir, à prononcer – activité 1 (page 157)
84	À savoir, à prononcer – activité 2 (page 157)
85	À faire – activité 2 (page 158)

N.B. Tous les autres enregistrements sont disponibles sur les trois CD audio classe destinés aux professeurs. Vous y trouverez : les dialogues déclencheurs, les activités de compréhension orale, la phonétique, les compréhensions de l'oral des évaluations de type DELF, les bilans et les tests.

Achevé d'mprimer en Italie par Rotolito
Dépôt légal: Septembre 2011 - Collection n° 08
Edition 02 -15/5804/8